"The goodness in me is greeting the goodness in you."

(제 안의 선함이 당신 안의 선함을 반깁니다)

Name ————————————

Date ————————————

• 남편의 실직 후 분노, 억울함, 연민으로 많이 힘들 때 감정일기와 다행일기로 큰 도움을 받았습니다. '그래도 남편이 병들지 않아서 다행이고, 그래도 내가 직업이 있어 가족을 부양할 수 있어 다행이다'라고 적다 보니 마음이 한결 편해졌습니다. – 진주의 유치원 교사

• 운동을 하면서 체중이 5kg 줄었고, 감사일기를 쓰면서 제 삶에 감사한 것이 이렇게 많은 줄 알게 되었습니다. 남편의 장점을 찾다 보니 참 좋은 사람이라는 것을 새삼 깨닫고 요즘은 신혼처럼 행복하게 살고 있습니다. – 어느 내담자

• 중2 때부터 우울증으로 약을 복용하던 내가 운동을 하고 생활에서 감사한 것을 찾으면서 약을 끊고, 자신의 힘으로 생활을 조율하며 행복해지고 있다. 처음에 '이게 효과가 있을까?' 의심하여 하다 말다 하다가 어느 날 많이 우울해졌을 때 꼼짝도 하기 싫었지만 행복일기를 쓰기 위해 일단 나갔고 1시간 걷고 돌아와 샤워를 하고 나니 뭔가 다른 것이 느껴졌다. 그래서 하루 더, 하루 더… 지금은 운동하고 행복일기를 쓰면서 나를 다져나가는 게 너무 당연하고 그 순간이 기다려진다. – 고희은

• 우리 가족은 모두 행복일기를 씁니다. 저의 행동과 말이 좀 더 부드러워졌고 아이들의 입장에서 바라보는 시선이 더 늘었습니다. – 40대 교사

• 행복일기를 쓰면서 감정에 따르는 내 신체 상태에 민감해지고 내면의 목소리를 들을 수 있게 되었습니다. 선행일기를 쓰면서 내가 선행을 한 것이 아니라 오히려 그들과 내가 연결되어 함께 한다는 더 많은 기쁨과 감사를 느낄 수 있었고, 세상은 혼자가 아니라는 느낌을 갖게 되었습니다. 그리고 내가 할 수 있는 게 많다는 기분이 들었습니다. – 대학원생

- 행복일기를 쓰면서 세포가 살아나는 느낌을 갖게 되었다. 마냥 부족한 자신이 싫었고 부모님이 원망스럽고, 부정적 생각과 감정으로 가득 찼었는데 어느새 긍정성이 늘어가면서 이제는 내 몸의 세포가 살아있다는 느낌이 든다.
  - 30대 직장 여성

- 행복일기 덕분에 운동을 꾸준히 하게 되어 긍정 마인드가 더욱 단단해졌고, 선행일기를 쓰면서 행복감이 증진되었다. 감사일기를 통해 그냥 지나쳤을 조그만 일에도 더욱 고마운 마음이 들게 되었다. - 박영순(초등학교 교장)

- 행복일기를 통해 선물처럼 주어지는 '하루만큼의 생명'에 대해 소중하게 여길 수 있게 되었고, 하루를 감사함으로 마무리할 수 있게 되었다.
  - 최영주(감정코칭 수석 강사)

- 행복일기를 쓰면서 전에는 못 느꼈던 사소한 행복을 느끼기 시작했다. 예전에는 일상적인 일들이 이제는 행복으로 다가온다. 아내와 산책하기, 아들과 이야기 나누기, 설거지하는 아내와 대화하기 등 일상으로만 여겨지던 것이 바로 사소한 행복임을 느끼게 되었다. 행복일기는 내게 고마운 선물이다.
  - 심기원(40대 대기업 직원)

- 회복탄력성을 키울 수 있는 '매일의 작은 노력들이 가능하다'는 신념을 갖게 되었다. - 김희정(공인 가트맨 부부치료사)

- 회의적이었고, 부정적인 습관이 있는 나는 행복일기 중 감사일기를 매일 50개씩 3개월간 적어보았습니다. 처음엔 억지로 찾아 적느라 힘도 들었지만 어느새 감사일기를 적는 시간이 기다려져서 여행을 가거나, 쉴 시간, 앉아 있을 시간이

없는 시댁에 가서도 핸드폰 불을 켜고 적을 정도로 즐거운 시간이 되었습니다. 그 후 내가 살아있음에 감사함을, 아침에 눈을 뜸에 감사함을, 우리 아이들에게 먹거리를 사줄 수 있음에 감사함을 느끼게 되었고, 멀어졌던 신앙의 회복까지 이어졌습니다. 지금도 감사일기는 행복일기장 외에 별도 노트에 추가로 적고 있습니다. 감사일기는 저에게 긍정의 맛을 보게 한 소중한 작업입니다. - 홍00

• 행복일기를 쓰면서 다른 사람과의 관계에서 긍정성이 더 높아졌고, 관계가 좋아져서 행복감이 더 증가하고 있다. - 이혜경(중독자 상담사)

• 행복일기를 쓰면서 처음에는 스스로 '반성'하는 시간으로 보내는 횟수가 많았지만, 시간이 갈수록 스스로의 '변화'를 알아차리기 시작했다. 감정을 느끼는 에너지, 그 감정에 대한 대응, 나의 태도가 확실히 성숙해지고 발전된 변화가 생겼다. 감사의 마음을 깊이 느껴보는 시간을 가짐으로써 세상을 긍정적으로 보는 것이 많이 향상되었다. - 상담사

• 소희야, 우리가 시원하게 있을 수 있도록 미리 창문을 열어놔 줘서 고마워. 덕분에 4층까지 올라와 더웠는데 시원해서 좋았어. - 한 중학생의 감사일기 중에서

• 행복일기를 쓰면서 작은 일에도 감사할 줄 알게 되었습니다. 또한 많은 부정적 상황 속에서도 다행한 면을 찾을 수 있게 되었습니다. 유년시절부터의 기억 정리를 하면서 제 자신에 대해 좀 더 많이 이해하게 되었습니다. 장점을 찾고 보니 스스로에 대한 가치를 알고 나 자신을 지지할 수 있게 되었습니다. - 40대 주부

최성애 박사와 함께하는

행복일기

| 기초편 |

최성애 지음

책으로여는세상

행복일기를 시작하는 당신에게

행복일기란 제가 학창시절부터 오랜 기간 동안 실천하면서 그 효과를 확신하여 여러분들께 추천해 드리는 매일의 자기점검과 자기성장의 기록입니다. 제 개인의 경험뿐 아니라 하버드 졸업생의 추적연구(Grant Study)와 방대한 긍정심리학의 연구, 최근 뇌과학을 통해서도 운동, 건강한 인간관계, 감사의 마음, 선행 등은 성공하고 행복한 삶의 공통점이라는 것이 밝혀졌습니다.

이 일기는 자신을 위해 실천하고 기록하는 것입니다. 자신을 보살피는 행동은 자기성장의 시작입니다. 행복일기에 있는 내용을 매일 조금씩 실천하다 보면 어느새 자신의 몸, 마음, 영혼이 평화로워지며 행복감과 성취감을 느끼고 주변 사람들과의 관계도 좋아질 것입니다.

천천히 고르게 숨을 쉬면서 우리가 함께 살고 있는 지구 위에 자신만의 자리(공간)를 상상해보세요.

지금까지 세상 사람 중 누군가의 선행과 노력들이 모여 우리 삶이 좀 더 발전해 왔습니다. 마찬가지로 오늘 내가 어제보다 조금 더 개선하려고 노력하고 또 남을 위해 아주 작은 선행을 베푼다면 좀 더 평화롭고 아름다운 지구를 만들 수 있을 것입니다.

오늘도 마음으로부터 저의 loving-kindness를 보내드립니다.

평화와 함께, **최 성 애**

| Contents |

Part
1

행복일기 이해하기

오랫동안 함께해 온 행복일기

행복일기는 제가 학생 때부터 써 왔습니다. 그때는 '행복일기' 라는 명칭을 붙이지는 않았지만 나름대로 생활에 간략한 틀을 잡아서 매일의 목표와 운동, 감사, 선행을 실천한 기록을 적었습니다. 물론 건너뛴 날도 있었고 목표대로 이루지 못한 때도 있었습니다. 하지만 일기가 있으니 내가 어떻게 살고 있는지, 어떻게 살아갈지 정리할 수 있었습니다. 행복일기는 제게 나침반 같은 역할을 해 주었습니다.

놀랍게도 한 해, 한 해가 지나며 제가 계획했던 것을 거의 다 이루었고 어떤 때는 계획보다 훨씬 많은 일을 이뤘다는 사실을

확연히 알 수 있었습니다. 특히 어려움을 겪거나 시험을 앞두고 있을 때 많은 도움이 되었고, 박사 과정 중 힘들 때가 있었는데 행복일기 덕분에 무사히 난관을 지나올 수 있었습니다. 행복일기는 제게 목표 있는 삶을 성실히 잘 이끌어나가는 힘과 균형감을 키워 주었습니다.

오랜 세월이 흘렀고 학생과 내담자를 만나면서 그들에게 행복일기를 써 보도록 권했습니다. 우선 트라우마 후유증에서 벗어나고 싶어 하는 내담자들, 그리고 목표의식이 없고 생활의 변화를 두려워하거나, 위축되거나, 자기 자신을 잘 관리하지 못하는 청소년들에게 적용을 해 보았습니다.

'한번 해 보면 어떨까?'하는 정도로 권했는데 의외로 학생들이 쉬워서 부담이 안 된다며 좋아하고 또 재미있어 했습니다. 그리고 자기도 모르게 학교생활, 또래관계, 학업에 좋은 변화가 생겼다고 했습니다. 성인과 부부들에게도 적용해 보았습니다. 학생들보다 가치를 더 잘 알기 때문인지 노력한 만큼 관계도 좋아지고 행복감이 커진다고 했습니다. 요즘은 제가 만나는 거의 모든 내담자들에게 행복일기를 소개해주고 있고, 치료 기간의 단축과 재발 방지에 큰 성과를 얻고 있습니다.

행복일기의 효과

내담자들과 수강생들이 제게 알려준 행복일기의 효과는 저도 놀라울 정도였습니다. 제가 행복일기를 쓰기 시작한 40여 년 전에는 뇌과학이 별로 발달하지 않았습니다. 그때는 정신분석과 행동주의 관점이 주류라서 행복일기에 나오는 내용들(행복일기는 크게 5가지 세부 일기로 이루어지는데 운동일기, 다행일기, 감사일기, 선행일기 , 감정일기가 그것입니다)을 검증할 만한 연구 자료도 없었습니다.

그러나 최근 20~30년간 뇌과학은 급성장을 했고 특히 건강과 웰빙에 대한 관심이 높아짐에 따라 긍정심리학, 생물학, 스포츠심리학, 의학, 보건정책, 경영 등 학제적 관점에서 과학적 연구가 동시다발로 이루어지고 있습니다.

'운동'이 정신 건강에 미치는 놀라운 효과(:운동일기), '긍정적 사고와 감정'이 신체·인지·관계에 미치는 영향(:다행일기), 스트레스성 질환을 경감시키는 '감사'의 의학적 효과(:감사일기), 그리고 '감정적 자기 모니터링'이 감정 조절과 외상후 스트레스 증상PTSD의 치료에 미치는 좋은 효과(:감정일기), 마지막으로 회복탄력성을 높여주는 '선행'의 효과(:선행일기)가 점점 더 명확하게 밝혀지고 있습니다.

다시 말해, 이런 모든 연구에서 운동, 긍정적 사고와 감정, 감사와 선행의 습관화, 감정 모니터링의 치유 효과가 입증되었습니다. 어찌 보면 새로운 사실이 발견되었다기보다 이미 수천 년 동안 다양한 문화와 종교에서 가르치고 실천해오던 것을 현대 과학이 재입증해준 것이라고 볼 수 있습니다.

행복일기의 구성

　행복일기는 자기성장을 돕기 위한 프로그램입니다. 운동을 꾸준히 하면 몸이 건강해지듯이, 긍정심도 매일매일의 연습을 통해 키울 수 있습니다.

　행복일기는 매일매일 꾸준히 쓰는 것이 가장 좋지만 만약 하루 이틀 빠트렸다면 그날부터 다시 이어서 쓰면 됩니다. 잠자리에 들기 전 하루를 정리하며 쓰는 것이 가장 좋고, 만약 아침에만 시간이 가능하다면 아침마다 정해진 시간에 어제 하루 동안의 일들을 되돌아보며 적으면 됩니다.

　행복일기 기초편의 구성을 살펴보면, 행복일기를 처음 시작하는 분들이 쉽게 써나갈 수 있도록 총 5단계로 나뉘어져 있으며, 각 단계마다 쓰는 내용이 조금씩 발전합니다.

1단계 (1주차)	2단계 (2~3주차)	3단계 (4~5주차)	4단계 (6~7주차)	5단계 (8주차)
				감정일기
			선행일기	선행일기
		감사일기	감사일기	감사일기
	다행일기	다행일기	다행일기	다행일기
운동/장점일기	운동/장점일기	운동일기	운동/장점일기	운동일기

〈행복일기 기초편의 구성 - 5단계 8주 프로그램〉

위의 표에서 알 수 있듯이 5가지 세부 일기로 이루어지는데, 새로운 단계가 시작될 때마다 세부 일기가 하나씩 추가되고 그 일기에 대한 설명과 예시가 실려 있습니다.

그럼 5가지 세부 일기에 대해 알아볼까요?

마음까지 건강하게 해주는 운동일기

　미국에서 가장 많이 팔리는 약은 감기약이 아니라 우울증 약입니다. 우리나라도 지난 10여 년 동안 우울증이 급증하고 있으며 아동, 청소년, 중년, 노년 등 모든 연령층에 고루 증가하고 있습니다. 우울증은 집중력 저하, 의욕 상실, 성적 하락, 대인관계 문제, 휴학 등 여러 문제를 초래할 수 있고 심한 경우 자살에 이르게 합니다. 우울증은 대개 불안증과 함께 생기고 높은 스트레스와도 상관관계가 높습니다.

　이러한 우울, 불안, 공황장애, 기분장애 등의 예방과 치료에 필수적인 것이 바로 운동입니다. 막연히 운동이 좋다는 생각에서 머무르지 않고 조금씩이라도 꾸준히 실천하여 운동을 습관화하려면 운동일기를 적는 것이 훨씬 효과적입니다. 운동일기는 그날 내가 한 운동의 종류(예 : 걷기, 달리기, 자전거 타기, 수영, 팔굽혀펴기 등)를 적고, 몇 분 동안 했는지와 운동 한 뒤의 기분이나 생각을 간단히 한 줄 정도로 적어보는 것입니다.

운동을 하면 왜 기분이 좋아질까요? 뇌과학 연구에 따르면 운동을 하면 세로토닌이라는 신경전달물질이 우리 몸에서 저절로 만들어진다고 합니다. 세로토닌은 기분조절제 역할을 하기 때문에 우울뿐 아니라 불안을 완화시켜 주고, 유연한 감정조절력 강화에도 효과를 얻을 수 있습니다. 또 운동을 하면 몸의 오감과 근육이 자극되어 의욕과 흥미가 증가하고, 잠을 잘 자며, 건강한 식욕이 생기고, 적절한 체중을 유지할 수 있게 됩니다.

뿐만 아니라 운동은 두뇌에 산소 공급량을 늘려주고, 뇌의 가소성을 자극하여 뇌세포의 노화를 방지하며, 새로운 뇌세포를 생성하고, 기억을 증진시키며, 사고력과 문제해결력 및 균형 감각 증진에 좋은 효과가 있습니다. 많은 전문가들이 효과적인 치매 예방법으로 운동을 꼽는 이유도 이 때문입니다. 이처럼 운동의 효과는 이루 다 나열하기 어려울 정도로 많고 그 효과도 뛰어납니다.

대개 운동일기를 쓰라고 하면 첫날에는 '오늘은 자전거를 2시간을 타야지' 하고 무리하게 작정하는 경우가 있습니다. 하지만 이럴 경우 다음날이 되면 하기가 싫어지기 십상입니다. 하기 싫어지면 그 다음날에는 저번에 하기 싫었고 할 때 힘들었던 기억이 겹치면서 더 많은 핑계들(오늘은 날씨가 안 좋으니까, 피곤하니까)이 생기게 됩니다.

뇌과학에 따르면, 우리 몸에서 새로운 행동이 습관화되기까지는 평균 21일, 자동화될 때까지는 평균 석 달 정도가 걸린다고 합니다. 그래서 운동하는 습관이 들 때까지 운동량을 서서히 늘려가는 것이 좋습니다.

그리고 매일 운동한 시간과 종류, 운동 후의 기분이나 생각을 적어나가다 보면, 마치 통장에 적금이 쌓이는 것처럼 뿌듯하고 흐뭇함을 느끼게 됩니다. 자신의 패턴도 보이게 됩니다. 예컨대 '매주 월요일은 운동을 빠지거나 소홀히 하는구나', '금요일과 토요일에는 과하게 했구나' 이렇게 패턴을 볼 수 있게 되면서 자기 자신을 조절하고 신체를 좀 더 최적의 상태로 만들어나갈 수가 있습니다.

성공적인 운동의 습관화를 위한 팁

우리 몸은 자연스러운 것을 좋아하기 때문에 오랜 기간 운동을 거의 하지 않다가 갑자기 한꺼번에 많이 하게 되면 몸이 저항하게 됩니다. 하기 싫어지고, 운동을 안 하고 싶은 핑계거리들이 떠오르면서 운동과 더 멀어지게 됩니다.

제가 운동일기를 권할 때는 저항을 최소화하고 자연스럽게 습관화되도록 첫날은 5분만 걷고, 그 다음부터 하루에 1분씩만 추가해보라고 합니다. 그러면 쉽고 재미있으며 몸과 마음에 큰 부담을 주지 않습니다. 그렇게 매일 조금씩 운동량과 시간을 늘려가다 보면 한 달 뒤에는 하루에 35분, 두 달 뒤에는 약 70분 정도 걷게 되는데 일단 습관이 들기만 하면 점점 더 쉬워집니다.

긍정적인 시각을 갖게 해주는 다행일기

긍정적인 생각을 할 때 뇌의 어느 부위가 작동하는지 연구해 보니 좌뇌의 전전두엽 쪽이 활성화된다고 합니다. 특히 감사, 다행 같은 긍정적인 생각을 할 때 활성화됩니다. 반대로 부정적인 생각을 할 때는 우뇌의 전전두엽 부위가 활성화됩니다. 뇌는 패턴 인식을 통해 정보처리를 효율적으로 하는 특성이 있는데, 긍정적으로 생각하는 습관을 꾸준히 실천하면 어떤 상황에서도 긍정적인 면을 지각하고 인지하도록 두뇌 패턴이 작동합니다.

행복일기를 쓰게 되면 하루에 최소한 두세 가지 정도의 다행한 일을 떠올려보고 적는 동안 좌뇌의 전전두엽에 신경회로가 만들어지고 강화됩니다. 마치 숲속을 매일 같은 코스로 걷다 보면 오솔길이 생기듯이 말입니다. 그러면 예컨대 지하철 계단에서 누구와 부딪히거나 누가 내 발을 밟는 일처럼 예상하지 못한 상황이 벌어진다 하더라도 순간적으로는 아프니까 '아야!' 하고 놀랄 수 있지만 금방 '그래도 크게 안 다쳐서 다행이다', '그래도 넘어지지 않아서 다행이다' 라는 평소의 긍정 회로가 작동이 되면서 쉽게 평정심을 되찾을 수 있습니다. 이것이 회복탄력성을 키우는 비결 중의 하나입니다.

우리의 뇌는 나이가 들어도 무언가를 연습하면 그에 관련된 여러 두뇌 회로들이 연결되고 강화됩니다. 혹은 한쪽 부분이 손상되었더라도 다른 부분에서 그 기능을 일부 담당합니다. 이것을 뇌의 가소성plasticity이라고 하는데 나이와 상관없이 꾸준히 연습한다면 새로운 회로가 형성될 수 있습니다. 긍정 회로도 근육처럼 쓸수록 탄력과 강인함이 증가됩니다.

성공적인 긍정적 인지 패턴 만들기를 위한 팁

다행일기를 세 가지 문장 형태로 적습니다.
1)오늘 ~라서 다행인 것

2)오늘 ~아니라서 다행인 것

3)오늘 비록 ~지만 ~(아니)라서 다행인 것

이렇게 세 가지 문장으로 만들어보는 것입니다. 예를 들면 이렇습니다.

1)오늘 운동회 날인데 날씨가 좋아서 다행이다.

2)오늘 비가 오지 않아서 다행이다.

3)오늘 비록 운동회에서 일등은 하지 못했지만 우리 팀이 협동을 잘해서 다행이다.

행복을 깨닫게 해주는 감사일기

최근까지 '감사'는 주로 종교나 윤리에서 다루던 내용이었습니다. 하지만 하트매스연구소에서는 감사가 직접적으로 심장과 뇌 활동에 영향을 준다는 것을 발견했습니다.

누군가에게 깊은 고마움을 느낄 때 심장의 심박 변이도가 규칙적인 패턴으로 변환이 일어나며, 교감과 부교감신경이 균형과 조화를 이루어 편안한 안정감 속에 몰입적인 인지 활동이 최적의 상태로 일어납니다. 또 혈압, 혈당, 스트레스 호르몬 등이 낮아지며, 반대로 안정과 활력을 주는 DHEA 호르몬이 생성되어 피부가 고와지고, 면역력이 증가하며, 활력 에너지가 충전되게 됩니다. 인지적으로도 집중력과 기억력이 증강되고 전두엽이 활성화되어 창의력, 문제해결력, 직관력, 업무수행력이 증가한다는 것이 연구로 밝혀졌습니다.

　하루에 2~3분 정도 시간을 내어 깊은 고마움을 느끼면서 한 줄이라도 감사한 대상에게 고마움을 적어보세요. 대수롭지 않고 당연하게 여기던 크고 작은 일에 관심을 기울이게 되고, 오감을 통한 생생한 행복감을 맛볼 수 있을 것입니다.

　요즘 아이들에게 물으면 대부분 고마운 게 없다고 이야기합니다. 안타까운 일입니다. 고마움을 느끼는 것 역시 훈련과 연습이 필요합니다. 마치 구구단을 처음 외울 때나 수영을 처음 할 때 굉장히 어렵듯이 감사도 처음엔 어색하고 어렵게 느껴질 수 있습니다. 하지만 배우고 실천하다 보면 쉬워지고 자연스럽게 할 수 있습니다.

　만약 아이들과 함께 행복일기를 쓸 경우, 아이가 도무지 고마운 것이 떠오르지 않는다면 하면 '손이 할 수 있는 일이 뭘까?'라고 물어보십시오. 손으로는 글씨를 쓸 수 있고, 뜨개질도 할 수 있고, 공도 던지고, 밥도 먹을 수 있습니다. 이런 이야기를 한 이후에 '만약에 나에게 손이 없다면 어떨까?'라고 물어보십시오. 그러면 '아, 내가 손이 있어서 글씨를 쓸 수 있어 참 다행이고, 밥을 먹을 수 있어 다행이고, 야구도 할 수 있어 다행이네'라고 생각할 수 있을 것입니다. 이러면 아이는 다행인 일을 구체적이고 생생하게 느낄 수 있게 됩니다. 작은 것이지만 구체성과 생동감이 있는 것부터 조금씩 훈련하게 되면 그 이후에는 주변에서 하찮아 보이고 당연하게 여기던 대상들이 고맙게 여겨지게 됩니다.

사실 우리는 감각적으로 많은 것을 잊고 살고, 잃고 삽니다. 아주 작은 것이지만 건포도 하나를 눈으로 보고, 손으로 만져보고, 귀로 들어보고, 맛도 느껴보고, 냄새도 맡아보고, 모든 감각을 총 동원해서 약 3분 정도 충분히 입에 넣어서 감각 체험을 해보시기 바랍니다. 입에 넣자마자 바로 씹지 말고 입안에서 굴려도 보고, 촉감도 느껴보고, 혀 끝, 뒤쪽이나 옆에도 대보고, 여러 맛을 천천히 하나하나 세밀하게 느끼다 보면 '아~ 달다!' '아~ 쫄깃하다!' 이런 느낌이 느껴질 것입니다. 이렇게 감각을 통해 느껴보는 체험을 가끔 하다 보면 어떤 일을 하게 되더라도 조금 더 느껴보고 머무르면서 진정으로 살아있음에 감사함이 우러날 것입니다.

어렸을 때 쓰고 싶지 않은 방학 일기, 감사편지 혹은 국군 장병 아저씨에게 쓰는 위문편지 등을 형식적이고 판에 박힌 말로 억지로 쓴 적이 있을 것입니다. 그러나 연구에 의하면 생각만으로는 신체 세포의 변화가 별로 일어나지 않는다고 합니다. 감정을 움직여야 심장이 다르게 작동을 하고, 심장이 다르게 뛸 때 세포 구석구석까지 변화가 일어납니다. 그렇기 때문에 충분히 느끼면 '우러나온다'라고 하는 겁니다.

감사가 '생각'에 머물지 않고 깊은 '감정'으로 느껴지고 우러나올 때 면역체계, 호르몬체계, 신경체계가 조화와 균형을 이루고 심신이 최적의 상태로 작동하여 활력 에너지가 충전되고 회복탄력성을 키울 수 있게 됩니다.

감사일기를 즐겁게 쓰기 위한 팁

오늘 하루 내가 살아 있고 숨 쉬며 활동할 수 있게 도와준 사람, 대상, 상황, 자연 등을 떠올려봅니다. 구체적으로 떠오르는 한 대상에게 무엇이 어떻게 고마운지를 짤막한 편지처럼 적어봅니다.

감사일기 예 : 택시 기사님, 아까 제가 시장을 보고 짐이 많아 힘들었는데 집 앞까지 언덕을 올라와주셔서 감사합니다. 싫은 내색도 하지 않으시고 대문 앞에 짐을 내려주셔서 참 고마웠습니다.

우리 몸의 비타민, 선행일기

어릴 때 흔히 도덕 시간에 착한 일(선행)을 하라는 말을 배웠지만, 그것이 우리 몸에 어떤 영향을 미치는지는 잘 몰랐습니다. 그런데 최근 의학적 연구를 통해 선행의 효과가 밝혀지고 있습니다. 다른 사람에게 연민을 느끼고, 배려하고, 돌봐줄 때 돌봄을 받는 사람뿐 아니라 돌봐주는 사람의 몸 자체에서도 면역력이 증가한다고 합니다. 그러나 반대로 단 5분만 화를 내도 화낸 사람의 몸의 면역력이 떨어질 뿐 아니라 그것이 6시간 동안 면역력을 낮춘다고 합니다.

구체적으로 연구를 살펴보면 우리 몸의 면역력을 쉽게 측정

할 수 있는 것이 침 안에 있는 이뮤노글로블린A Immuno-globulin A, IgA : 면역글로불린 항체입니다. 흔히 모기나 벌레에 물렸을 때 침을 바르는데, 침의 면역력을 활용하는 것입니다. 침 속 안에 있는 이뮤노글로블린A 항체를 측정해 보았더니, 5분 동안 화를 내면 순간적으로 수치가 조금 올라갔다가 곧 뚝 떨어져서 이후 6시간까지도 평상시보다 면역력이 계속 떨어진 상태를 유지합니다.

그러나 단 5분 동안 누구를 돌보거나 배려할 때는 정반대의 현상이 벌어집니다. 예를 들어 강아지를 쓰다듬어 준다든지 무거운 짐을 들고 가는 할머니를 도와 드린다든지 했을 때, 단 5분 동안 배려하는 마음을 가진 후 이뮤노글로블린A를 측정해보면, 항체의 수치가 화를 낼 때보다 더 올라갈 뿐 아니라 높아진 면역력의 상태가 약 6시간이나 지속되었습니다. 같은 5분인데도 화를 냈을 때와 남을 배려했을 때 우리 몸 안의 면역력에는 큰 차이가 생기는 것입니다.

이런 연구결과를 보니까 인도 캘커타의 마더 테레사가 떠오릅니다. 나병 환자, 에이즈 환자, 고아와 길거리에서 죽어가는 사람들을 돌봤던 수녀님이 거의 88세까지 사셨는데, 분명히 주변이 불결하고 먹을 것도 충분치 않았을 텐데 어떻게 그렇게 많은 사람들을 돌볼 수 있었을까요? 아마 남을 배려하다 보니 신체적인 면역력이 높아져서 병균을 잘 싸워 이겨낼 수 있었지 않았을까 하는 생각이 듭니다. 자그마한 체구로 50년 가까이 수많은 병자들을 돌봐줄 수 있었다는 것은 놀라운 일입니다.

건강을 위한다고 웰빙 음식을 먹는 것도 좋지만 남을 배려하고 감사일기와 선행일기를 쓰는 것은 우리 몸에 비타민을 매일 챙겨먹는 것 이상으로 건강과 면역력 증강에 확실한 효과가 있습니다.

선행일기를 쓰는 팁

선행도 습관입니다. 자신의 이익을 우선시하기보다 타인에게 어떤 것이 필요할지 도움이 될지 그 사람의 입장이 되어보는 것은 공감과 연민의 마음 키우기를 통해 강화할 수 있습니다. 하지만 동정과 연민은 다릅니다. 동정은 내 입장에서 상대를 불쌍히 여기는 것이라서 일종의 교만과 자만으로 이어질 수 있습니다. 연민은 상대의 입장을 내가 몸으로 느껴보는 것입니다. 옆에 있는 것, 한 편이 되는 것, 동등한 위치에서 인간애를 느끼는 것입니다.

또 구분해야 할 것이 있습니다. 배려와 과過배려의 차이입니다. 배려는 받는 사람과 하는 사람 둘 다 마음이 가볍고 편하지만, 과過배려는 양쪽이나 한쪽이 부담과 불편함을 느낍니다. 서로가 마음 편할 수 있는 배려 있는 선행은 음식에 적당한 간을 맞추는 일처럼 시행착오를 겪으면서 조금씩 정도를 맞춰갈 수 있을 것입니다.

선행일기 예 : 1)버스 탈 때 초등학생이 먼저 타도록 양보했다. 2)임산부가 무거운 짐을 들고 가서 지하철역까지 들어주었다.

자기조절력을 키워주는 감정일기

우리 사회는 성장기 오랜 기간 동안 집, 학교, 사회에서 많은 학습을 합니다. 하지만 일반적으로 감정에 대해 알아차리거나 조절하는 것은 별로 배우지 않기 때문에 자기감정을 잘 모르는 경우가 있습니다. 잘 느끼지도 못하고, 느꼈다 하더라도 그것을 어떻게 표현하고, 어느 정도로 수위를 조절해야 할지 잘 모르는 것이지요. 즉 감정에 대해 무지하다고 말할 수 있습니다. 우리가 감정에 대해서 잘 알아차리든 못 알아차리든 감정은 작동을 합니다. 감정을 알아차림의 상태로 인지하려면 자신의 감정 상태를 잠시라도 점검하는 연습과 훈련이 필요합니다.

감정을 날씨에 비유하자면, 오늘 나의 감정 날씨는 맑은가, 흐

린가, 천둥 번개가 치는가, 안개가 낀 것 같은가를 점검해보면 됩니다. 그러면 자신의 감정 상태에 대해 훨씬 구체적으로 또렷하게 알 수 있게 됩니다. 또 스트레스는 대개 감정적인 불편함이기 때문에 주관적으로 감정적 불편함의 정도가 가장 약한 0에서 가장 심한 10 중에 어느 정도인지 알아차릴 수 있고, 그에 따른 행동의 수위 조절도 보다 쉬워집니다. 극단적인 행동이 나오기 전에 수위 조절을 할 수 있는 선택점choice point을 가질 수 있게 된다는 뜻입니다.

아주 강하게 느낀 감정이나 중요한 순간에서 느꼈던 감정들을 점검하는 습관이 몸에 배면, 감정이 더 이상 통제 불능이거나, 전지전능하거나, 두려운 대상이 아니게 됩니다. 반대로 자신의 감정 알아차림을 통해 자기 통제력, 감정적 자기조절 능력이 생기게 됩니다. 정신건강과 직결되는 것이 바로 감정적 자기조절 능력입니다. 우울, 불안증, 양극성장애, 공황장애 등 심리적 어려움이 대개 감정적인 조절 능력이 미약하거나 잘 안 될 때 일어나는 증상이기 때문에 감정 알아차림과 감정 조절력은 정신건강에도 아주 좋습니다.

감정 점검의 또 하나의 이점은 스트레스 상황에 미리 대비를 할 수 있다는 것입니다. '나는 이런 상황에서 주로 화가 나는구나, 이런 상황에서 주로 좌절감, 절망감을 느끼는구나'를 알게 되면 어느 정도 자신의 감정을 예측하고 준비할 수 있게 됩니다. 그런 상황이 벌어질 때 자기 통제력을 잃고 후회할 만한 말이나 행동을 하지 않도록 심장호흡(122쪽에 자세한 내용이 나옵니다) 등으로 효과적이고 차분하게 대응할 수 있게 됩니다. 전반적으로 전두엽의 조절력과 통제력을 강화시킬 기회를 더 자주 가질 수 있고 이를 자기성장 또는 인격적 성숙이라고 합니다.

감정일기는 특히 트라우마(외상)을 겪은 사람들에게 큰 도움이 됩니다. 어떤 상황이나 사건에서 주관적인 스트레스 정도, 이에 본인이 어떤 대응책을 했는가 등을 점검해보는 것은 트라우마 치료에 사용하는 기본 방법 중 하나입니다. 자동차 사고, 폭행, 자연재해 등 '사건 트라우마event trauma'를 겪은 사람들이 외상성 경험을 기억하는 경우도 있지만, 때로 너무 어렸을 때 겪은 외상성 사건은 기억을 못 하는 경우도 있습니다. 하지만 비록 의식을 하지 못한다 하더라도 감정과 몸에서는 반응이 일어날 수 있기 때문에 감정일기를 써 나가다 보면 어떤 자극에 자신의 감정이 촉발되는지를 알아차리게 될 수도 있습니다. 그러면 자신도 모르게 갑작스런 감정 기복이 생기거나 두렵거나 무기력해지는 상황을 알고 대비할 수 있게 됩니다.

행복일기와 일반 일기장의 차이점

빈 노트에 적는 것도 자기반성과 생각 정리도 할 수 있어서 안 쓰는 것보다는 낫습니다. 하지만 무작정 일기를 쓰다 보면 썼다 안 썼다 불규칙하게 되기 쉽고, 상황이나 사건, 인물, 감정, 생각 등이 정리가 안 되는 경우도 있습니다. 하지만 행복일기는 간단한 가이드라인이 있어서 쓰는 데에 3~5분 정도밖에 들지 않아 시간 부담이 적습니다. 게다가 긍정성과 회복탄력성을 키우는 습관을 비교적 빠른 시일 안에 만들어가면서 성취감과 자기효능감을 키울 수 있도록 짜여 있습니다.

행복일기는 부담 없이 하루에 잠깐잠깐 자기 자신을 돌아보고 자신에게 필요한 것을 충전할 수 있는 일종의 '자기 점검표',

또는 단순하면서도 효과적인 '실용 메모'입니다. 또 매일 필요한 신체적, 인지적, 정서적, 영적 회복탄력성의 비타민이라고도 할 수 있습니다. 조금씩 꾸준히 실천하다 보면 당신의 '행복 통장'이 불어나는 보람과 성취감을 느낄 수 있을 것입니다.

회복탄력성을 높여주는 행복일기

회복탄력성이란 역경, 도전, 스트레스 상황에 대비하고 효과적으로 대처하는 마음의 회복력입니다. 미국 하트매스연구소의 20여 년 연구결과, 스트레스가 쌓이지 않게 하고, 불필요한 에너지의 낭비를 막고 비축해두는 방법이 밝혀졌고 현재 미국과 유럽 여러 나라의 의료, 교육, 국방, 기업 등 다양한 분야에서 적용되고 있습니다.

회복탄력성은 어릴 때부터 키워나갈 수 있습니다. 회복탄력성을 늘상 사용하는 휴대전화에 비유하자면 그날그날 소모된 에너지를 충전기로 다시 채워놓는 것이라 하겠습니다. 하지만 충전기로 소모한 만큼 재충전하는 것뿐 아니라 기본 용량 자체를 확장할 수도 있습니다. 이렇게 회복탄력성 용량을 키우면 마음에 여유와 유연성이 증가합니다. 마치 통장에 넉넉히 저축을 해두면 일을 계획할 때 마음에 여유가 있으면서 좀 더 크게 멀리 바라볼 수 있는 것과 같습니다. 그러면 혹시 일이 뜻대로 잘 안 되더라도 다른 각도에서 바라보거나 다른 방식으로 대처할 수 있는 유연성을 가질 수 있습니다.

회복탄력성을 이해하고 적용하는 방법을 배우는 것은 요즘같이 만성적 스트레스가 도처에 쌓이거나, 스트레스가 높은 상황에서 압박감을 받을 때 극단적인 반사행동을 완화할 수 있도록 생각, 감정, 선택에 유연성과 여유를 가질 수 있게 해주는 생존 기술입니다.

회복탄력성에 방해가 되는 요소

가장 큰 방해 요소는 스트레스에 대한 무지와 그릇된 스트레스 대처법입니다. 예를 들어 괴롭고 힘들 때 흔히 술을 마시기 쉬운데, 단기적으로는 스트레스 상황에서 벗어나거나 잠시 잊을 수가 있겠지만 같은 효과를 얻기 위해 점점 더 자주 많이 마셔야 하고, 건강, 일, 관계에 부정적인 영향을 미칠 수 있기 때문에 좋은 해소 방법은 아닙니다. 또 도박, 폭력, 마약, 게임 등 각종 중독도 자신과 타인에게 피해를 주는 그릇된 스트레스 대처법입니다. 좋은 해소방법은 우리가 스트레스를 어디에서 얻는지 원인을 알고, 스트레스 상황에 대한 감정 알아차림과 효과적인 대처방법을 배우는 것입니다. 그러면 스트레스를 잘 관리하면서 에너지 낭비를 막고 자신과 남에게 유익한 일을 할 수 있습니다.

회복탄력성의 네 영역과 행복일기

회복탄력성은 추상적 개념처럼 들리지만, 다른 모든 생명체와 같이 사람도 에너지 체계로 보면 쉽게 이해할 수 있을 것입니다. 인간의 에너지 체계는 크게 네 가지 범주로 볼 수 있습니다. 신체적, 정신적, 정서적, 영적인 영역이지요. 아래 영역을 보면서 자신은 어느 영역이 충분한지, 괜찮은지 혹은 부족하거나 키우고 싶은지를 확인해보세요.

먼저 신체적 영역입니다. 소모된 신체적 에너지를 충전하는 방법은 잘 먹고 잘 쉬는 것이고, 더욱 좋은 것은 운동을 하며 자기 근육을 최적의 상태로 잘 유지하는 것입니다. 이렇게 관리를 잘하면 강력, 내구력, 복원력이 증가합니다.

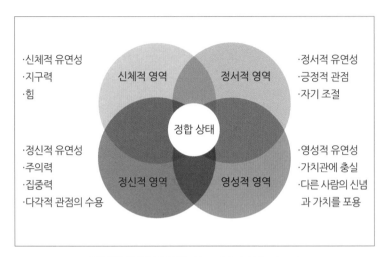

〈회복탄력성의 네 영역 - HeartMath® Institute〉

두 번째, 정신적인 에너지도 적절한 공부와 지식 축적을 하면서 정신력을 소모한 뒤에는 적절히 머리를 식히면서 정신적으로 조화와 균형을 이루도록 관리를 해야 회복력을 키울 수 있습니다. 입학시험이나 고시 공부처럼 많은 정신력을 소모한 후에는 체력 관리 못지않게 음악, 예술, 여행 등의 정신적 휴식이 필요합니다. 정신적 회복탄력성을 키우면 집중력, 기억력, 문제해결력, 판단력 등이 향상됩니다.

다음은 감정적인 에너지의 회복탄력성입니다. 감정적 자기조절을 잘하지 못할 경우에는 부정적 감정에 휘둘림으로써 쉽게 피곤해지고 탈진 상태에 빠지기 쉬우며, 인지적 능력도 현저히 떨어집니다. 연구결과에 따르면, 감정적 여유를 지니려면 긍정적인 감정을 부정적인 감정보다 최소한 다섯 배 이상 자주 느껴야 합니다. 예를 들어 순간적으로 화가 날 수는 있습니다. 그리고 실망스럽거나 짜증나는 상황이 벌어질 수 있습니다. 하지만 그런 상황에서도 스트레스 중화를 위해 두어 번 심장호흡을 한 뒤에 다행인 것이나 고마운 것을 떠올려보면 심신의 에너지 고갈을 막을 수 있고, 활력에너지를 충전시킬 수 있습니다.

다행일기와 감사일기를 꾸준히 써 왔다면 부정적인 감정 상태에서 재빨리 평정심을 회복하고 긍정심으로 전환할 수 있게 됩니다. 또 평소에 다른 사람을 배려하고 선행을 베풀다 보면 기본적으로 마음의 긍정적인 에너지가 많이 보유된 상태라서 웬만한 일에는 별로 동요되지 않습니다. 이를 '도량'이라 합니다. 즉 '그릇이 큰' 사람, '마음 씀씀이가 넉넉한' 사람이라는 뜻입니다.

끝으로 영적인 영역은 흔히 사람들이 종교를 떠올리는데 사실 종교만이 영적인 에너지는 아닙니다. 영성성은 다른 동·식물과는 다르게 인간에게 있는 특별한 능력입니다. 이기적인 마음과 편협한 마음은 영적 에너지를 고갈시키고, 반대로 용서, 화해, 수용, 평화, 희망, 믿음 등은 영적 에너지를 충전해줍니다. 영적인 에너지가 충만하면 편협한 이기주의가 아니라 보편적이고 포용적인 인간애를 지닐 수 있고 다른 사람의 신념이나 가치관을 존중할 수 있는 아량이 생깁니다. 때로 대자연 속에서 자신보다 더 큰 존재, 즉 인류와 우주에 대해서 마음을 열고 겸허한 마음을 가지게 되면 상당히 깊은 에너지를 얻을 수 있습니다.

요컨대 회복탄력성은 인간의 네 가지 에너지 체계인 신체, 정신, 정서, 영성 영역에서 에너지를 효율적으로 사용하면서 재충전하고 도량과 유연성을 키워나가는 것입니다. 행복일기의 운동일기, 다행일기, 감사일기, 선행일기, 감정일기는 바로 이 네 영역의 회복탄력성을 키워주는 쉽고도 빠른 방법입니다.

행복일기 시작하기

행복일기 기초편은 총 5단계로 이루어져 있습니다. 운동일기와 다행일기, 감사일기와 선행일기, 그리고 감정일기를 차근차근 연습해나갈 수 있도록 5단계로 나누어놓은 것입니다. 좋은 습관을 들이는 방법은 처음부터 무리해서 많은 것을 하려고 하기보다 작은 일부터 꾸준히 해나가는 것입니다.

| 행복일기 1단계 |

(1주차)

🌱
운동일기, 장점일기, 감정일기

1단계는 준비 단계로 7일 동안 진행되며, 운동일기와 장점일기, 간단한 감정일기로 이루어집니다.

운동일기 : 오늘 내가 한 운동과 운동 시간, 운동 후의 느낌을 적습니다.
장점일기 : 나의 장점을 3가지씩 찾아 적습니다.
감정일기 : 오늘의 기분을 오감(맛, 색깔, 소리, 냄새, 촉감)을 나타내는 단어로 표현해보고, 행복지수를 표시합니다.

매일 적절한 운동을 하면 도파민이 증가하여 자신감과 긍정적 마음이 커지고, 기분 조절 역할을 하는 세로토닌이 생성되어 우울과 불안감이 감소합니다. 그 결과 자기조절 능력이 향상되고 스트레스 관리에 도움이 됩니다.

장점일기는 자신의 모습을 부정적으로 바라보는 패턴에서 자신의 강점을 바라보는 인지 패턴으로 변화시키는 일기입니다. 긍정심리학의 창시자인 셀리그만의 연구에 의하면, 크게 성취하는 사람들은 모자란 것보다 자신의 장점에 집중하고 그것을 발전시킨다고 합니다. 이처럼 자신에게 모자란 점보다 장점을 바라보고 그것을 활용하게 되면 일상에서도 자생력이 자라나고 삶에서 부딪히는 문제들을 해결해나갈 수 있습니다.

운동일기의 예

- 오늘 내가 한 운동 (__걷기__) • 운동 시간 : 아침 • 낮 •⟮저녁⟯• 밤 (__30__ 분)
- 운동 후 생각이나 느낌 __무거웠던 몸이 가벼워졌다. 개운하고 상쾌하다.__

만약 운동을 별로 하지 않았다면 제가 가장 추천하는 운동은 '걷기'입니다. 걷기는 특별한 기술이 필요하지 않아 누구나 쉽게 시작할 수 있고 전신운동이라 운동의 효과도 뛰어납니다.

효과적인 운동 계획 세우기

- 꾸준한 운동을 통해 꼭 이루고 싶은 단 한 가지(예 : 건강한 노후생활, 여행)

- 그것을 위한 구체적인 운동 과정

- 운동 후의 모습이나 이 일기를 끝냈을 때의 모습을 상상하고 느낌 적어보기

당신만 느끼고 있지 못할 뿐
당신은 매우 특별한 사람입니다.

-데스몬드 투투

년   월   일   요일

행복 만들기는 장점 찾기로부터 시작합니다. 자신의 장점을 하루 3가지씩만 찾아보세요. 다른 사람과 비교할 필요 없이 내가 생각하는 나의 장점을 적으면 됩니다. 만약 장점 찾기가 어렵다면 192쪽 예시를 참고하셔도 좋습니다.

🍀 **운동일기** • 오늘 내가 한 운동 (   )   • 운동 시간 : 아침 · 낮 · 저녁 · 밤 (분)

• 운동 후 생각이나 느낌

🍀 **장점일기** • 나의 장점을 3가지 적어보세요

🍀 **감정일기** • 오늘 나의 감정을 맛으로 표현해본다면? 예 : 단맛, 쓴맛, 매운맛 (   )

• 오늘 나의 행복지수는? ☹ -5 -4 -3 -2 -1 0 +1 +2 +3 +4 +5 ☺

Tip & Memo

감정을 맛으로 표현한 예 : 단맛, 쓴맛, 매운맛, 짠맛, 신맛, 싱거움, 달콤함, 느끼함, 구수한 맛, 설익은 맛, 감칠맛, 새콤달콤, 떫은 도토리맛, 삼삼한 맛, 꿀처럼 달콤함, 약처럼 쓴맛, 입안이 얼얼할 정도로 매운맛, 구수한 보리차맛 등.

나에겐 두 명의 주치의가 있다.
바로 왼쪽다리와 오른쪽 다리이다.

- G. M. 트리벨리언

지금까지 특별히 해 온 운동이 없다면 제가 가장 추천하는 운동은 걷기입니다. 단순해 보이는 걷기는 온몸의 뼈와 근육을 활성화시켜 몸이 건강하도록 도와줍니다. 또 걸으면 우리 몸 안에서는 스트레스를 낮춰주는 호르몬이 분비되어 마음도 편안해집니다.

🌱 **운동일기** · 오늘 내가 한 운동 (   )   · 운동 시간 : 아침 · 낮 · 저녁 · 밤 (분)

· 운동 후 생각이나 느낌

🌱 **장점일기** · 나의 장점을 3가지 적어보세요

🌱 **감정일기** · 오늘 나의 감정을 맛으로 표현해본다면? 예 : 짠맛, 신맛, 싱거움 (   )

· 오늘 나의 행복지수는?   ☹ -5 -4 -3 -2 -1 0 +1 +2 +3 +4 +5 ☺

Tip & Memo

뇌과학 연구에 따르면

습관이 형성되는 데는 평균 21일이 걸리고,

습관이 자동화되기까지는 대략 63~100일 정도가 걸립니다.

다행히도 중간에 조금씩 빠트려도 꾸준히만 하면 됩니다.

지금 삶을 힘들게 하는 습관을 고치고 싶거나 새로운 좋은 습관을 들이기 위해서는 먼저 '자신의 동의'가 필요합니다. 그리고 다양한 방법들을 동원할 수 있는데, 이때 마음으로 함께해 줄 사람을 찾는 것이 매우 중요합니다. 여러 사람일 필요 없이 단 두 사람으로도 충분합니다.

🌱 운동일기 ㆍ오늘 내가 한 운동 ( ) ㆍ운동 시간 : 아침ㆍ낮ㆍ저녁ㆍ밤 (분)

ㆍ운동 후 생각이나 느낌

🌱 장점일기 ㆍ나의 장점을 3가지 적어보세요

🌱 감정일기 ㆍ오늘 나의 감정을 맛으로 표현해본다면? 예 : 달콤함, 느끼함 ( )

ㆍ오늘 나의 행복지수는? ☹ -5 -4 -3 -2 -1 0 +1 +2 +3 +4 +5 ☺

Tip & Memo

건강한 몸매를 만들고 싶다면,
우선 정말 되고 싶은 모습의 사진을 걸어두세요.

목표에 대해 생각만 하는 것보다 그것을 글로 적으면 그 목표를 이룰 가능성이 높아집니다.
더 확실하게 목표를 이루고 싶다면 사진이나 그림으로 눈에 잘 보이는 곳에 붙여놓으세요.

💮 운동일기　• 오늘 내가 한 운동 (　　　　　　　　　)　• 운동 시간 : 아침 • 낮 • 저녁 • 밤 (　　　분)

　　　　　　• 운동 후 생각이나 느낌

💮 장점일기　• 나의 장점을 3가지 적어보세요

💮 감정일기　• 오늘 나의 감정을 맛으로 표현해본다면? 예 : 구수한 맛, 설익은 맛 (　　　　　　　　)

　　　　　　• 오늘 나의 행복지수는?　☹ -5 -4 -3 -2 -1 0 +1 +2 +3 +4 +5 ☺

Tip & Memo

감정은
자연스러운
삶의 일부입니다.

감정일기는 자신의 감정을 돌아보는 데 도움을 줍니다. 그리고 더 나아가 감정을 관리하는 데 도움을 줄 것입니다.

🔋 운동일기   • 오늘 내가 한 운동 (   )   • 운동 시간 : 아침 · 낮 · 저녁 · 밤 (분)

                  • 운동 후 생각이나 느낌

🔋 장점일기   • 나의 장점을 3가지 적어보세요

🔋 감정일기   • 오늘 나의 감정을 맛으로 표현해본다면?   예 : 감칠맛, 새콤달콤 (   )

                  • 오늘 나의 행복지수는?   😞   -5   -4   -3   -2   -1   0   +1   +2   +3   +4   +5   😄

Tip & Memo

정말로 훌륭한 사람들은
당신 역시 훌륭한 사람이 될 수 있다고 생각한다.

- 마크 트웨인

년   월   일   요일

교육은 학생의 단점을 찾아서 보완해주는 것보다 학생의 장점을 찾아서 희망을 갖도록 하는 것입니다. 학생을 평가해서 등급을 매기는 게 아니라 그들의 잠재된 우수성을 발견해주고 가장 잘 발휘하도록 돕는 것입니다. – 조벽

🌑 **운동일기** • 오늘 내가 한 운동 (   )   • 운동 시간 : 아침 • 낮 • 저녁 • 밤 (분)

• 운동 후 생각이나 느낌

🌑 **장점일기** • 나의 장점을 3가지 적어보세요

🌑 **감정일기** • 오늘 나의 감정을 맛으로 표현해본다면? 예 : 꿀처럼 달콤함 (   )

• 오늘 나의 행복지수는?   ☹ -5 -4 -3 -2 -1 0 +1 +2 +3 +4 +5 😄

Tip & Memo

쉼은

꼭

필요합니다.

회복탄력성이 높은 사람이 스트레스를 잘 감당하고 성공적인 삶을 살 수는 있지만 고강도의 스트레스를 오랜 기간 받으면 악영향을 받을 수 있습니다. 그래서 휴식과 재충전이 필요합니다. 용량이 큰 배터리가 용량이 작은 배터리보다 사용 시간은 길더라도 영구적일 수는 없는 것과 비슷합니다.

🌱 운동일기 　• 오늘 내가 한 운동 (　　　　　) 　• 운동 시간 : 아침·낮·저녁·밤 (　　 분)

　　　　　　　• 운동 후 생각이나 느낌

🌱 장점일기 　• 나의 장점을 3가지 적어보세요

🌱 감정일기 　• 오늘 나의 감정을 맛으로 표현해본다면? 예 : 약처럼 쓴맛, 삼삼한 맛 (　　　　　)

　　　　　　　• 오늘 나의 행복지수는? 　☹ -5 -4 -3 -2 -1 0 +1 +2 +3 +4 +5 😄

Tip & Memo

| 행복일기 2단계 |

(2~3주차)

다행일기

2단계부터 다행일기가 시작됩니다. 다행일기는 우리의 뇌에서 '긍정적으로 생각하는 습관'의 회로를 만들어주어 생활 속의 스트레스를 줄여주고 작은 일에도 감사하는 마음을 느끼도록 이끌어줍니다.

뇌과학 연구에 의하면 우리가 우울, 걱정, 짜증, 분노 등 부정적인 생각을 할 때에는 우뇌의 전전두엽이 활성화되고, 반대로 감사, 기쁨, 다행 등 긍정적인 생각을 할 때는 좌뇌의 전전두엽이 활성화됩니다. 또한 평소 같은 행동을 자주 반복하면 두뇌의 회로가 만들어지고 강화되는데, 습관이 들 정도로 강화되려면 같은 행동을 약 3주(21일) 정도 반복해야 하고, 저절로 할 수 있을 만큼 자연스럽게 몸에 익으려면 평균 63일~100일 정도가 걸립니다. 우리가 매일 다행일기를 써 가다 보면 긍정적 사고의 회로가 만들어져 자연스럽게 감사하는 마음이 들게 됩니다.

다행일기 쓰는 방법

하루에 단 세 문장만 만들면 되는데, 시간은 3분 정도 걸립니다. 오늘 하루를 되돌아보며 '다행이다 싶은 일' 세 가지를 찾아 적으면 됩니다. 기초편에서는 다행일기를 쓰는 것이 어려운 분들을 위해 처음에는 두 가지만 쓰고 4단계부터 세 가지를 쓰도록 하였습니다.

다행일기의 예

- 나는 ~라서 다행이다

  나는 노력하는 사람이라서 다행이다.

  나는 예쁜 딸이 있어서 다행이다.

  나는 글을 읽을 수 있어 다행이다.

- 나는 ~아니라서 다행이다

  나는 컴맹이 아니라 다행이다.

  나는 실업자가 아니라서 다행이다.

  나는 도박에 빠지지 않아서 다행이다.

- 나는 비록 ~지만 ~(아니)라서 다행이다

  나는 비록 마음의 상처는 많지만 인생의 실패자가 아니라서 다행이다.

  나는 비록 이번 시험에 떨어졌지만 다시 도전할 마음이 있어서 다행이다.

  나는 비록 딸에게 물질적으로 잘해주지 못하지만 작은 일에도 지지해줄 수

  있어서 다행이다.

행복 에너지를 충전하는 방법 가운데
가장 효과적인 것은
긍정적인 감정을 느끼는 것입니다.

년   월   일   요일

다행일기를 쓸 때 잘 생각이 나지 않는다면 지금 내 신체가 의지하고 있는 것이나, 내 몸이 있기에 가능한 일들을 적어보세요. 예: 의자에 기댈 수 있어서 다행이다 / 내 발로 걸을 수 있어 다행이다 / 내 눈으로 볼 수 있어 다행이다 / 편안하게 숨쉴 수 있어 다행이다.

운동일기 ・오늘 내가 한 운동 (   ) ・운동 시간 : 아침・낮・저녁・밤 (분)

・운동 후 생각이나 느낌

다행일기 ・나는 ~ 라서 다행이다 (예 : 나는 친구가 있어서 다행이다)

・나는 ~ 아니라서 다행이다 (예 : 나는 혼자가 아니라서 다행이다)

장점일기 ・나의 또 다른 장점 2가지

감정일기 ・오늘 나의 감정을 날씨로 표현해본다면? 예 : 맑음, 흐림, 소나기 (   )

・오늘 나의 행복지수는?   ☹ -5 -4 -3 -2 -1 0 +1 +2 +3 +4 +5 ☺

Tip & Memo

감정을 날씨로 표현한 예 : 맑음, 흐림, 소나기, 장마, 습함, 더움, 구름 낌, 시원함, 열대야, 때때로 비, 바람 한점 없음, 폭설, 따사로운 아침, 풍랑주의보, 자욱한 아침안개, 오랜 가뭄, 단비, 마른하늘에 날벼락 등.

행복한 사람은 급한 것보다
소중한 것에 더 많은 시간을 할애합니다.

- 셀리그만(M. Seligman)의 연구에서

년   월   일   요일

인생에서 우리는 모두 큰 바구니를 하나씩 옆구리에 끼고 있습니다. 그리고 매일 소중하다고 생각되는 것을 하나둘씩 바구니에 챙겨 담고 있습니다. 우리가 인생의 황혼기에 가득 찬 바구니를 들여다본다면, 어떤 것들이 있을지 잠시 상상해봅시다. – 조벽

🌱 운동일기 • 오늘 내가 한 운동 (   )   • 운동 시간 : 아침 • 낮 • 저녁 • 밤 (분)

• 운동 후 생각이나 느낌

🌱 다행일기 • 나는 ~ 라서 다행이다 (예 : 나는 움직일 수 있어 다행이다)

• 나는 ~ 아니라서 다행이다 (예 : 나는 참을성이 없는 사람이 아니라서 다행이다)

🌱 장점일기 • 나의 또 다른 장점 2가지

🌱 감정일기 • 오늘 나의 감정을 날씨로 표현해본다면? 예 : 장마, 습함, 추움 (   )

• 오늘 나의 행복지수는?   ☹ -5 -4 -3 -2 -1 0 +1 +2 +3 +4 +5 ☺

Tip & Memo

긍정적 마음은 연습입니다.

평소에 연습하지 않으면
부정적인 마음이 밀물처럼 쏟아져 들어올 때
막아낼 재간이 없습니다.

깊은 물에 빠진 다음 수영 연습을 하지 않듯이 긍정적인 생각도 마찬가지입니다. 평소에 긍정적으로 생각하는 훈련을 해두면 힘든 일이 덮쳐왔을 때 보다 쉽게 헤쳐 나올 수 있습니다.

🌱 **운동일기** ・오늘 내가 한 운동 (　　　　　　　　)　・운동 시간 : 아침・낮・저녁・밤 (　　　분)

・운동 후 생각이나 느낌

🌱 **다행일기** ・나는 ~ 라서 다행이다 (예 : 나는 잠을 잘자서 다행이다)

・나는 ~ 아니라서 다행이다 (예 : 나는 문맹이 아니라서 다행이다)

🌱 **장점일기** ・나의 또 다른 장점 2가지

🌱 **감정일기** ・오늘 나의 감정을 날씨로 표현해본다면? 예 : 구름낌, 시원함, 열대야 (　　　　　　)

・오늘 나의 행복지수는?　☹ -5 -4 -3 -2 -1 0 +1 +2 +3 +4 +5 ☺

Tip & Memo

사람들은 대개 변해야 한다는 데에는 이의를 제기하지 않습니다.
다만 상대가 그 변화를 자기에게 어떤 식으로,
어떤 태도로 요구했는지에 따라
그 요구를 받아들이기도 하고,
반항하기도 합니다.

진정으로 상대방의 변화를 원한다면, 상대방의 성격적인 결함이나 행동상의 문제에 대해 전문가인 양 분석하는 것은 오히려 역효과를 냅니다. 먼저 상대방의 이야기에 귀기울이는 것에서부터 변화가 시작됩니다.

🌱 운동일기 · 오늘 내가 한 운동 (   ) · 운동 시간 : 아침 · 낮 · 저녁 · 밤 (분)

· 운동 후 생각이나 느낌

🌱 다행일기 · 나는 ~ 라서 다행이다

· 나는 ~ 아니라서 다행이다

🌱 장점일기 · 나의 또 다른 장점 2가지

🌱 감정일기 · 오늘 나의 감정을 날씨로 표현해본다면? 예 : 때때로 비, 바람한점 없음 (   )

· 오늘 나의 행복지수는? ☹ -5 -4 -3 -2 -1 0 +1 +2 +3 +4 +5 ☺

Tip & Memo

기쁨은
사물 안에 있지 않다.

그것은
우리 안에 있다.

- 리하르트 바그너

사고를 긍정적으로 바꾸는 좋은 방법 중 하나는 장점찾기와 '다행일기'를 쓰는 것입니다. 뇌 과학자들에 따르면, 긍정적인 말과 행동을 단 2주만 해도 행복감을 느낄 때 활성화되는 부위인 좌뇌의 전전두엽 피질이 증가하고 스트레스가 낮아진다고 합니다.

☘ **운동일기**　•오늘 내가 한 운동 (　　　　　　　) 　•운동 시간 : 아침 • 낮 • 저녁 • 밤 (　　) 분)

　　　　　　　•운동 후 생각이나 느낌

☘ **다행일기**　•나는 ~ 라서 다행이다

　　　　　　　•나는 ~ 아니라서 다행이다

☘ **장점일기**　•나의 또 다른 장점 2가지

☘ **감정일기**　•오늘 나의 감정을 날씨로 표현해본다면? 예 : 폭설, 따사로운 아침 (　　　　　　　)

　　　　　　　•오늘 나의 행복지수는?　☹ -5 -4 -3 -2 -1 0 +1 +2 +3 +4 +5 ☺

Tip & Memo

역경을 극복하고
살아있다는 느낌을 주며
진정성 있게 살 수 있는 힘

그 힘을 회복탄력성Resilience 이라고 합니다.

행복일기는 회복탄력성이 높아지도록 도와줍니다. 스트레스 상황을 이겨낼 힘을 키워주고 에너지 고갈을 막아줍니다. 또한 행복에너지를 충전시켜 균형 있고 유연하게 해주며, 의미 있고 행복한 삶을 사는 방법을 선택할 수 있도록 도와줍니다.

🌏 운동일기　• 오늘 내가 한 운동 (　　　　　　　　　)　• 운동 시간 : 아침 · 낮 · 저녁 · 밤 (　　　분)

　　　　　　　• 운동 후 생각이나 느낌

🌏 다행일기　• 나는 ~ 라서 다행이다

　　　　　　　• 나는 ~ 아니라서 다행이다

🌏 장점일기　• 나의 또 다른 장점 2가지

🌏 감정일기　• 오늘 나의 감정을 날씨로 표현해본다면? 예 : 풍랑주의보, 오랜 가뭄 (　　　　　　　)

　　　　　　　• 오늘 나의 행복지수는?　☹ -5 -4 -3 -2 -1 0 +1 +2 +3 +4 +5 ☺

Tip & Memo

아름다움은
사람의 내면에서 나오는 빛입니다.

- 헬렌 켈러

불행감과 원망을 갖고 짜증을 낼 때는 스트레스 호르몬이 나오지만, 감사한 마음을 가지면 DHEA라는 안정 호르몬이 나와 몸과 마음을 편하게 해줍니다. DHEA가 약 3분만 분비되면 그 효과가 8~12시간 동안 지속됩니다.

🌑 운동일기   • 오늘 내가 한 운동 (   )   • 운동 시간 : 아침 • 낮 • 저녁 • 밤 (분)

              • 운동 후 생각이나 느낌

🌑 다행일기   • 나는 ~ 라서 다행이다

              • 나는 ~ 아니라서 다행이다

🌑 장점일기   • 나의 또 다른 장점 2가지

🌑 감정일기   • 오늘 나의 감정을 날씨로 표현해본다면? 예 : 자욱한 아침안개, 단비 (   )

              • 오늘 나의 행복지수는?   ☹ -5 -4 -3 -2 -1 0 +1 +2 +3 +4 +5 ☺

Tip & Memo

마치 옷장이나 서랍을 정리하듯 우리 머리와 마음속 기억을 정리해봅시다. 기억 속에는 좋은 것도 있고 싫은 것도 있을 겁니다. 이번 기회에 한번 꺼내서 정리해보면 머리와 마음이 한결 시원해지고 새로운 경험을 할 수 있는 마음의 공간이 더 크게 생겨날 것입니다.

어릴 때부터 현재까지 떠오르는 기억 중 좋든 나쁘든 가장 뚜렷이 떠오르는 기억을 시기별로 적어봅니다. 이미 했다면 그 정리된 기억들을 보면서 새롭게 추가하거나 고쳐도 됩니다. 기억은 바뀔 수 있기 때문입니다.

<기억 정리의 예>

시기		기억 속의 상황이나 장면	등장인물	느낌과 생각
0~7세		어머니와 함께 집에서 잠을 자고 있었다.	어머니	그리움, 애틋함, 고마움
초등학생 시절	1학년	친한 짝이 이사를 갔다.	선생님, 반아이들, 단짝친구	슬픔, 외로움, 미움
중학교 시절	2학년	중학교 2학년 때 성적이 많이 떨어졌다. 부모님께 혼이 나서 속상했고, 반 아이들이 나를 무시하는 느낌을 받았다. 그 당시 나는 친한 친구들과 사이가 안 좋아져서 힘들어하고 있었는데 주변에서 나를 알아주지 않아 외로움을 느꼈다. 그래도 OOO 선생님이 나에게 목소리가 좋다고 칭찬해준 것은 아직도 잊지 못한다.		

이렇게 적어보면 자신의 인생에서 가장 큰 사건이 약 15~20가지 정도 정리가 됩니다. 그리고 자신에게 영향을 준 사람들과 주요 감정과 생각을 알 수 있습니다. 기억에 대한 상황과 장면, 그때 당시에 느꼈던 감정이나 생각 등을 가능한 자세히 쓸수록 기억 정리에 도움이 됩니다.

기억 정리는 '글쓰기'가 치유와 성장에 도움이 된다는 방대한 연구에 기초하여 최성애 박사가 시기별로 기억을 정리할 수 있도록 틀을 만든 것입니다. 기억 정리를 하는 분량이나 들이는 시간은 본인이 원하는 만큼 하면 됩니다. 그리고 하루에 다 하지 않고 기억이 날 때 조금씩 더해 가거나 고쳐도 됩니다.

어릴 때부터 현재까지 떠오르는 기억 중 좋든 나쁘든 가장 뚜렷이 떠오르는 기억을 시기별로 적어보세요.

기억은 달라질 수 있습니다. 지금 떠오르는 기억과 몇 달 또는 몇 년 후의 주요 사건들과 등장인물, 생각과 느낌 등이 달라질 수 있다는 것이지

시기		상황이나 장면	등장인물
7세 이전	최초의 기억		
초등학생	1.		
	2.		
	3.		
	4.		
	5.		

요. 따라서 현재의 시점에서의 재구성일 뿐 옳거나 그르거나, 더 훌륭하거나 덜 훌륭한 것은 없습니다.

느낌과 생각

(느낌만 쓰기)

(다음 페이지에서 계속…)

시기		상황이나 장면	등장인물
중학생	1.		
	2.		
	3.		
	4.		
	5.		
고등학생 ~현재	1.		
	2.		
	3.		
	4.		
	5.		
	6.		
	7.		

우리 뒤에 놓인 것들과 우리 앞에 놓인 것들은

우리 안에 놓인 것들에 견주면

아주 작은 것에 지나지 않는다.

- 에머슨

각자가 가진 고유한 장점을 셀리그만 박사는 '지문같이' 고유하다는 뜻에서 시그니처 장점 (signature strength, 개인의 대표 강점)이라고 부릅니다. 행복하면서도 장기적인 성공을 하고 사회에 유익한 일을 많이 하는 사람은 자신의 고유한 장점에 초점을 두는 사람입니다.

😊 **운동일기**   • 오늘 내가 한 운동 (   )   • 운동 시간 : 아침 • 낮 • 저녁 • 밤 (분)

• 운동 후 생각이나 느낌

😊 **다행일기**   • 나는 ~ 라서 다행이다

• 나는 ~ 아니라서 다행이다

😊 **장점일기**   • 나의 또 다른 장점 2가지

😊 **감정일기**   • 오늘 나의 감정을 냄새로 표현해본다면? 예 : 짠내, 단내, 시큼함 (   )

• 오늘 나의 행복지수는?   ☹ -5 -4 -3 -2 -1 0 +1 +2 +3 +4 +5 ☺

Tip & Memo

감정을 냄새로 표현한 예 : 짠내, 단내, 시큼함, 무취, 고소한 냄새, 향긋함, 탄 냄새, 쉰 냄새, 아카시아향, 바다내음, 흙냄새, 소나무 향기, 음식 상한 냄새, 풀 냄새, 갓 구운 과자냄새, 곰팡이 냄새, 도시 매연 냄새, 박하향 등.

알고 있는 사람은 머리만 있으면 되지만
할 수 있는 사람은 마음과 정신을
준비하는 사람입니다.

- 조벽

년   월   일   요일

위대한 사람은 단번에 그와 같이 높은 곳에 뛰어오른 것이 아니다. 많은 사람들이 밤에 단잠을 잘 적에 그는 일어나서 괴로움을 이기고 일에 몰두했던 것이다. 인생은 자고 쉬는 데 있는 것이 아니라 한 걸음 한 걸음 걸어가는 그 속에 있다. – 로버트 브라우닝

🍀 운동일기 • 오늘 내가 한 운동 (   )   • 운동 시간 : 아침 · 낮 · 저녁 · 밤 (분)

• 운동 후 생각이나 느낌

🍀 다행일기 • 나는 ~ 라서 다행이다

• 나는 ~ 아니라서 다행이다

🍀 장점일기 • 나의 또 다른 장점 2가지

🍀 감정일기 • 오늘 나의 감정을 냄새로 표현해본다면? 예 : 무취, 고소한 냄새 (   )

• 오늘 나의 행복지수는?   ☹ -5 -4 -3 -2 -1 0 +1 +2 +3 +4 +5 ☺

Tip & Memo

당신의 뇌는
당신이 생각하는 것보다 훌륭하다.

- 하워드 가드너

년   월   일   요일

대니얼 골먼 박사의 연구에 의하면 정서지능은 키울 수 있습니다. 훈련과 학습을 통해 정서지능이 발달하는 것이 뇌과학을 통해 밝혀졌습니다. 그리고 성인도 충분히 가능합니다.

🧩 운동일기 · 오늘 내가 한 운동 (   )   · 운동 시간 : 아침 · 낮 · 저녁 · 밤 (분)

· 운동 후 생각이나 느낌

🧩 다행일기 · 나는 ~ 라서 다행이다

· 나는 ~ 아니라서 다행이다

🧩 장점일기 · 나의 또 다른 장점 2가지

🧩 감정일기 · 오늘 나의 감정을 냄새로 표현해본다면? 예 : 향긋함, 탄 냄새 (   )

· 오늘 나의 행복지수는?   ☹ -5 -4 -3 -2 -1 0 +1 +2 +3 +4 +5 😊

Tip & Memo

삶이란 우리의 인생 앞에

어떤 일이 생기느냐에 따라 결정되는 것이 아니라

우리가 어떤 태도를 취하느냐에 따라 결정되는 것이다.

환경과 상황이 인생에 색을 칠해주지만,

어떤 색을 선택할지는 당신에게 달려 있다.

- 존 호머 밀스

인간이 가진 자유 중 최후의 자유, 본질적인 자유, 그 누구도 빼앗을 수 없는 자유는 자신이 처한 환경이 어렵든 힘들든 상관없이 스스로 자신의 태도를 선택하는 자유이다. 바로 이것이 최후의 자유이다. – 빅터 프랭클

💟 운동일기 ・오늘 내가 한 운동 (   ) ・운동 시간 : 아침・낮・저녁・밤 (분)

・운동 후 생각이나 느낌

💟 다행일기 ・나는 ~ 라서 다행이다

・나는 ~ 아니라서 다행이다

💟 장점일기 ・나의 또 다른 장점 2가지

💟 감정일기 ・오늘 나의 감정을 냄새로 표현해본다면? 예 : 쉰 냄새, 바다내음 (   )

・오늘 나의 행복지수는? 😞 -5 -4 -3 -2 -1 0 +1 +2 +3 +4 +5 😄

Tip & Memo

나는 걷고 있을 때만 명상을 할 수 있다.
걸음을 멈추면, 내 생각도 멈춘다.
나의 정신은 나의 두 다리와 함께한다.

- 장자크 루소

대학 재학 이상 176명을 대상으로 스탠퍼드대학 연구진이 창의력 실험을 하였습니다. 앉아 있을 때와 걷고 있을 때 창의력을 측정하는 질문을 던졌는데, 대부분 걸을 때 창의적인 답변이 평균 2배 이상 많이 나왔습니다.

🌝 운동일기 ・오늘 내가 한 운동 (   )   ・운동 시간 : 아침・낮・저녁・밤 (분)

          ・운동 후 생각이나 느낌

🌝 다행일기 ・나는 ~ 라서 다행이다

          ・나는 ~ 아니라서 다행이다

🌝 장점일기 ・나의 또 다른 장점 2가지

🌝 감정일기 ・오늘 나의 감정을 냄새로 표현해본다면? 예 : 흙냄새, 소나무 향기 (   )

          ・오늘 나의 행복지수는?   ☹ -5 -4 -3 -2 -1 0 +1 +2 +3 +4 +5 ☺

Tip & Memo

행복은 깊이 느낄 줄 알고

단순하고 자유롭게 생각할 줄 알고

도전할 줄 알며

남에게 필요한 삶이 될 줄 아는 능력으로부터 나온다.

-스톰 제임슨

인생의 성공이나 행복에 큰 영향을 미치는 것은 IQ(지능지수)가 아니라 '마음의 힘'인 EQ(정서지능 : 감성지수)입니다. 정서지능은 자신의 감정이 무엇인지 잘 알아차리고, 표현하고, 조절하며, 다른 사람의 감정을 잘 읽고 공감하는 능력을 말합니다.

운동일기 ·오늘 내가 한 운동 (　　　　　　　　) ·운동 시간 : 아침·낮·저녁·밤 (　　분)

·운동 후 생각이나 느낌

다행일기 ·나는 ~ 라서 다행이다

·나는 ~ 아니라서 다행이다

장점일기 ·나의 또 다른 장점 2가지

감정일기 ·오늘 나의 감정을 냄새로 표현해본다면? 예 : 풀 냄새, 곰팡이 냄새 (　　　　　　)

·오늘 나의 행복지수는?　☹ -5 -4 -3 -2 -1 0 +1 +2 +3 +4 +5 ☺

Tip & Memo

절망이라는 어두운 산에

희망의 터널을 뚫으십시오.

- 마틴 루터 킹 주니어

당신이 할 수 있거나 할 수 있다고 꿈꾸는 그 모든 일을 시작하라. 새로운 일을 시작하는 용기 속에 당신의 천재성과 능력, 그리고 기적이 모두 숨어 있다. – 요한 볼프강 폰 괴테

🌱 **운동일기** • 오늘 내가 한 운동 (   )   • 운동 시간 : 아침 • 낮 • 저녁 • 밤 (분)

• 운동 후 생각이나 느낌

🌱 **다행일기** • 나는 ~ 라서 다행이다

• 나는 ~ 아니라서 다행이다

🌱 **장점일기** • 나의 또 다른 장점 2가지

🌱 **감정일기** • 오늘 나의 감정을 냄새로 표현해본다면? 예 : 갓구운 과자향, 박하향 (   )

• 오늘 나의 행복지수는?   ☹ -5 -4 -3 -2 -1 0 +1 +2 +3 +4 +5 ☺

Tip & Memo

| 행복일기 3단계 |

(4~5주차)

감사일기

3단계부터 감사일기가 시작됩니다. 감사일기는 부정적인 해석, 좁은 시야, 경직된 이분법적 사고로 자신을 불행하게 만들었던 사고 패턴을 바꾸는 일기입니다. 하루 중 자신에게 가장 감사하게 다가왔던 순간들을 떠올리면서 그 상황을 이전과 다른 시각으로 바라볼 수 있도록 도와주는데, 감사의 효과에 대한 연구결과를 간단히 정리하면 이렇습니다.

- 에너지 증가(Danner et al., 2001)
- 회복탄력성 증가(Frederickson et al., 2003)
- 인지적 유연성 증가(Ashby et al., 1999)
- 기억력 증가(Isen et al., 1978)
- 면역기능 증가(Rein et al., 1995, McCraty et al., 1996)
- 문제 해결력 증가(Carnevale & Isen, 1986)
- 통찰력과 창의력 증가(Bolte et al., 2003; Isen et al., 1987)
- 행복감 증가(Frederickson & Joiner, 2002)
- 업무수행과 성취도 향상

이러한 효과들은 유전적으로 결정되기도 하지만 훈련을 통해 습득할 수 있다고 합니다. 하지만 감사하는 마음을 가지는 것이 어려울 수도 있습니다. 특히 힘든 일을 겪고 있는 사람에게는 무척 어려울 수 있습니다. 이때 필요한 것이 '다행일기'입니다. 주변에서 작지만 다행스러운 일들을 찾기 시작하면 그것이 점점 커져 어느새 감사의 표현으로 바뀌게 됩니다.

감사일기 쓰는 방법

오늘 하루를 되돌아보며 감사한 일, 고마운 일을 찾아 적으면 됩니다. 만약 첫 시작이 어렵다면 다행일기에 적은 '~해서 다행이다'를 '~해서 감사하다'로 바꾸기만 하면 됩니다. 예컨대 '비록 돈은 들었지만 집수리가 잘 끝나 다행이다'를 '비록 돈은 들었지만 집수리가 잘 끝나 감사하다'로 바꾸면 됩니다.

감사일기의 예

- 나는 ~(아니)라서 감사하다 / 나는 비록 ~지만 ~(아니)라서 감사하다

- 나는 나의 속상한 이야기를 들어줄 친한 언니가 있어서 감사하다.

- 비록 남편과 다퉈 속상했지만, 큰 싸움으로 번지지 않고 잘 마무리되어 감사하다.

- 중학생들이 실제로 쓴 감사일기

- 선생님이 산에 데리고 가 주셨다. 산소도 마시고 감사하다.

- 오늘 고기를 먹었는데 아빠가 계속 구워주셔서 우리가 먹도록 해 주셨다. 아빠, 감사해요.

- 음악 선생님께서 단소 부는 법을 알려주셨다. 초등 5학년때부터 단소를 못 불었는데 음악 선생님이 알려주셔서 드디어 소리가 났다. 음악 선생님, 감사합니다.

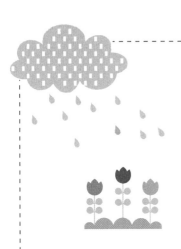

사소한 일에 감사하는 모습은
그 사람을 돋보이게 만든다.
왜냐면 그런 사람이 매우 적기 때문이다.

　　　　　　　　　　　　　년　　　월　　　일　　　요일

감사일기를 쓸 때 첫 시작이 어렵다면 다행일기에 적은 내용을 '~해서 감사하다' 혹은 '~가 아니라서 감사하다'로 바꾸면 됩니다.

🌱 **운동일기** ・오늘 내가 한 운동 (　　　　　　　　　　) ・운동 시간 : 아침・낮・저녁・밤 (　　　분)

　　　　　　　・운동 후 생각이나 느낌

🌱 **다행일기** ・나는 ~ 라서 다행이다

　　　　　　　┄┄┄┄┄┄┄┄┄┄┄┄┄┄┄┄┄┄┄┄┄┄┄┄┄┄┄┄┄┄┄┄┄┄┄

　　　　　　　・나는 ~ 아니라서 다행이다

🌱 **감사일기** ・나는 ~(아니)라서 감사하다 (예 : 아이가 해맑게 자라줘서 감사하다)

　　　　　　　┄┄┄┄┄┄┄┄┄┄┄┄┄┄┄┄┄┄┄┄┄┄┄┄┄┄┄┄┄┄┄┄┄┄┄

　　　　　　　・나는 비록 ~지만 ~(아니)라서 감사하다 (예 : 비록 남편이 무뚝뚝하지만 성실해서 감사하다)

🌱 **감정일기** ・오늘 나의 감정을 단어로 표현해본다면? 예 : 슬픔, 기쁨, 짜증남 (　　　　　　　　　)

　　　　　　　・오늘 나의 행복지수는? ☹ -5 -4 -3 -2 -1 0 +1 +2 +3 +4 +5 😃

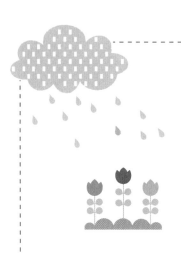

인성은 오랜 학습의 결과입니다.

우리는 오랜 학습의 결과를 실력이라고 합니다. 따라서 인성도
실력입니다. 인성은 앎이 삶과 어우러져 베풂으로 실천되도록
만드는 원동력입니다. - 조벽

관계를 망치는 사람들에게 관계의 달인들의 비결을 알려주면 대개 이런 반응을 보입니다. "별거 아니네요. 정말 그것뿐이에요? 그거라면 우리도 할 수 있겠네요." 남다른 비법이 있어서가 아니라, 좋은 줄 모두 알지만 실천하지 않는 것을 하기 때문에 최고가 되는 것입니다.

🌱 **운동일기** • 오늘 내가 한 운동 ( ) • 운동 시간 : 아침 • 낮 • 저녁 • 밤 (분)

• 운동 후 생각이나 느낌

🌱 **다행일기** • 나는 ~ 라서 다행이다

• 나는 ~ 아니라서 다행이다

🌱 **감사일기** • 나는 ~(아니)라서 감사하다 (예 : 나는 머리 숱이 많아서 감사하다)

• 나는 비록 ~지만 ~(아니)라서 감사하다 (예 : 비록 돈은 없지만 꿈꿀 미래가 있어서 감사하다)

🌱 **감정일기** • 오늘 나의 감정을 단어로 표현해본다면? 예 : 서운함, 신남, 우울함 ( )

• 오늘 나의 행복지수는? ☹ -5 -4 -3 -2 -1 0 +1 +2 +3 +4 +5 😄

Tip & Memo

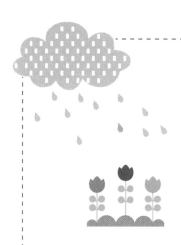

부모님이나 선생님은
아이들의 실수에 관대해야 합니다.
실수를 하면서 시행착오를 통해
많은 것을 배울 수 있기 때문입니다.

감정을 조절하고 계획을 세우고 판단을 하는 뇌를 전두엽이라 하고 '이성의 뇌'라고 하기도 합니다. 이 전두엽은 평균 27세에 완성되며, 남녀 차이가 있어서 여자는 평균 24세, 남자는 평균 30세에 완성됩니다.

✿ **운동일기**　• 오늘 내가 한 운동 (　　　　　　　　)　• 운동 시간 : 아침 · 낮 · 저녁 · 밤 (　　분)

　　　　　　　• 운동 후 생각이나 느낌

✿ **다행일기**　• 나는 ~ 라서 다행이다

　　　　　　　• 나는 ~ 아니라서 다행이다

✿ **감사일기**　• 나는 ~(아니)라서 감사하다 (예 : 나는 문맹이 아니라서 감사하다)

　　　　　　　• 나는 비록 ~지만 ~(아니)라서 감사하다 (예 : 아프지만 챙겨주는 사람이 있어서 감사하다)

✿ **감정일기**　• 오늘 나의 감정을 단어로 표현해본다면? 예 : 화남, 즐거움, 측은함 (　　　　　　　)

　　　　　　　• 오늘 나의 행복지수는?　☹ -5 -4 -3 -2 -1 0 +1 +2 +3 +4 +5 ☺

Tip & Memo

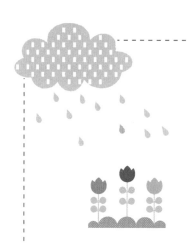

가장 행복한 사람 상위 10%를 연구해본 결과
그들이 가진 것은 높은 학력, 재산, 권력이 아니었습니다.
그들은 '좋은 관계'를 가진 사람들이었습니다.

가트맨 박사의 연구에 의하면 관계의 달인은 관계 속에서 행복감과 안정감을 느낍니다. 그리고 긍정적 표현을 부정적 표현보다 20배 정도 더 많이 합니다. 심지어는 갈등에 처하거나 어떤 주제를 놓고 싸울 때조차도 긍정적 표현을 부정적 상호작용보다 5배나 더 많이 합니다.

🌱 운동일기 • 오늘 내가 한 운동 (   ) • 운동 시간 : 아침 · 낮 · 저녁 · 밤 (분)

• 운동 후 생각이나 느낌

🌱 다행일기 • 나는 ~ 라서 다행이다

• 나는 ~ 아니라서 다행이다

🌱 감사일기 • 나는 ~(아니)라서 감사하다

• 나는 비록 ~지만 ~(아니)라서 감사하다

🌱 감정일기 • 오늘 나의 감정을 단어로 표현해본다면? 예 : 감격스러움, 숨막힘 (   )

• 오늘 나의 행복지수는? ☹ -5 -4 -3 -2 -1 0 +1 +2 +3 +4 +5 ☺

Tip & Memo

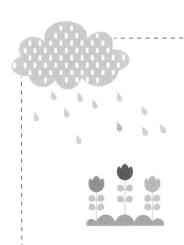

한 번에, 한 가지씩!

　　　　　　　　　　　　　　년　　　월　　　일　　　요일

스탠퍼드대학의 클리포드 나스 박사는 만성 멀티태스킹을 연구하였습니다. 흥미로운 결과가 나왔는데, 멀티태스킹을 잘한다고 하는 사람이 실제 업무능력은 가장 낮았습니다. 한 번에 많은 일을 해야 할 때는 그 일들을 작은 단위로 끊어서 연속적으로 하는 것이 훨씬 효율적입니다.

🌱 **운동일기**　• 오늘 내가 한 운동 (　　　　　　　)　• 운동 시간 : 아침 · 낮 · 저녁 · 밤 (　　분)

　　　　　　　• 운동 후 생각이나 느낌

🌱 **다행일기**　• 나는 ~ 라서 다행이다

　　　　　　　• 나는 ~ 아니라서 다행이다

🌱 **감사일기**　• 나는 ~(아니)라서 감사하다

　　　　　　　• 나는 비록 ~지만 ~(아니)라서 감사하다

🌱 **감정일기**　• 오늘 나의 감정을 단어로 표현해본다면? 예 : 그리움, 산뜻함, 공허함 (　　　　　　　)

　　　　　　　• 오늘 나의 행복지수는?　☹ -5 -4 -3 -2 -1 0 +1 +2 +3 +4 +5 😀

Tip & Memo

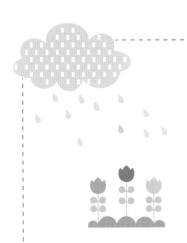

얼굴이 잘생긴 것은 몸이 건강한 것만 못하고,
몸이 건강한 것은 마음이 바른 것만 못하다.

- 백범 김구

년   월   일   요일

빈약한 몸을 단련하려면 적절한 운동을 꾸준히 해야 하듯이, 마음도 꾸준히 연습하면 긍정적으로 바꿀 수 있습니다. 우리 뇌와 심장은 그것이 가능하도록 만들어졌습니다.

🌑 **운동일기** · 오늘 내가 한 운동 (   ) · 운동 시간 : 아침 · 낮 · 저녁 · 밤 (분)

· 운동 후 생각이나 느낌

🌑 **다행일기** · 나는 ~ 라서 다행이다

· 나는 ~ 아니라서 다행이다

🌑 **감사일기** · 나는 ~(아니)라서 감사하다

· 나는 비록 ~지만 ~(아니)라서 감사하다

🌑 **감정일기** · 오늘 나의 감정을 단어로 표현해본다면? 예 : 배신감, 오싹함, 놀라움 (   )

· 오늘 나의 행복지수는? ☹ -5 -4 -3 -2 -1 0 +1 +2 +3 +4 +5 😄

Tip & Memo

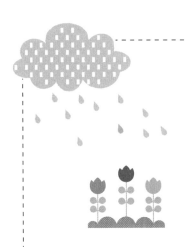

긍정적 에너지는 행복호르몬(DHEA)을 만드는 데 도움을 줍니다.
스트레스 받을 때 잠시 걷거나 다행인 것을 찾거나
감사의 마음을 전할 때가 그렇습니다.

만약 이도 저도 힘들다면 1분만 누군가를 도와주면 좋습니다.
선행은 '내가 꼭 필요한 존재'라는 것을
몸으로 느끼게 해주기 때문입니다.

데이비드 스노든 박사는 노트르담 수녀원에서 1986년부터 75~106세의 수녀 678명을 대상으로 치매 연구를 하였습니다. 그 결과, 놀랍게도 그들이 10~20대 때 쓴 글 속에 긍정적인 표현을 많이 한 사람들이 부정적 표현을 많이 한 사람들에 비해 치매에 걸리는 확률이 매우 낮았습니다.

🌱 **운동일기** · 오늘 내가 한 운동 (　　　　　) · 운동 시간 : 아침 · 낮 · 저녁 · 밤 (　　분)

· 운동 후 생각이나 느낌

🌱 **다행일기** · 나는 ~ 라서 다행이다

· 나는 ~ 아니라서 다행이다

🌱 **감사일기** · 나는 ~(아니)라서 감사하다

· 나는 비록 ~지만 ~(아니)라서 감사하다

🌱 **감정일기** · 오늘 나의 감정을 단어로 표현해본다면? 예 : 불만스러움, 열렬함 (　　　　　)

· 오늘 나의 행복지수는? 😞 -5 -4 -3 -2 -1 0 +1 +2 +3 +4 +5 😄

Tip & Memo

스트레스란?

미국 스트레스 학회(American Institute of Stress)에 의하면 한마디로 정의된 스트레스란 없습니다. 하지만 일반적으로 다음과 같은 상황이나 상태를 말합니다.

- 무언가 강한 요구를 받을 때의 심신 반응
- 굉장히 많은 일을 짧은 시간 안에 할 때
- 감정적으로 불편하고 심신의 조율이 엉클어진 상태
- 분노, 짜증, 좌절감, 불안, 무기력감, 절망, 압박감 등을 느낄 때

일시적이고 적당한 스트레스는 업무능력을 올려줍니다. 그리고 적과 맞서 싸우거나 도망갈 때도 스트레스가 높아집니다. 하지만 일상생활에서의 만성적 스트레스는 심신의 균형과 조화를 깨트립니다. 명료함과 창의력을 저하시키고 자신과도 괴리감을 느끼게 됩니다. 타인과의 유대감도 잃고 고립됩니다. 대개 통증 또는 무감각, 부정적 감정과 태도, 반복적이고 강박적인 생각, 관계의 망가짐으로 나타납니다.

과부하와 탈진 상태에 빠지면 남들에게 쉽게 화를 냅니다. 남을 속단하고, 비판하고, 탓합니다. 공격(fight), 도피(flight), 동결(freeze)의 세 반응 중 하나를 보이며 위험이나 공격을 당할 때의 뇌 반응과 비슷한 호르몬 반응이 나타납니다.

스트레스로 인해 나타나는 감정적 반응은 습관화가 될 수 있습니다. 쉽게 화를 내고, 지속적인 불안과 걱정 상태에 있게 됩니다. 극적인 반응과 언행을 보입니다. 냉담해지고 무감각해지고 쉽게 좌절하게 됩니다. 만성적 우울로 이어질 수 있습니다.

사람들은 스트레스를 받을 때 손쉽고 빠른 전환을 위해 폭음, 폭식, 게임, 결근 등을 하지만 문제는 누적되고 증폭된다는 것입니다. 시간이 걸리고 힘이 들더라도 스트레스에 대응하는 습관을 바꾸어야 합니다. 평소에 할 수 있는 효과가 뛰어난 스트레스 중화법은 심장호흡과, 걷기(운동), 긍정적으로 생각하기(장점 찾기)입니다.

스트레스를 중화시키는 15초의 마력, 심장호흡

심장호흡은 미국의 하트매스연구소(Institute of HeartMath)에서 20년간 연구한 것으로 누구든 많은 시간을 들이지 않고 쉽게 스트레스를 중화시킬 수 있는 방법입니다. 심장호흡은 3단계로 이루어집니다.

1단계 : 천천히 깊게 호흡한다

첫 번째 단계는 화가 나고 불쾌하고 짜증이 나는 상태에서 잠시 멈추고 천천히 깊게 호흡하는 것입니다. 5초 동안 천천히 숨을 들이쉬고, 5초 동안 천천히 숨을 내쉽니다. 그러면서 심장 주변으로 5초 동안 깨끗한 산소가 들어와 온몸을 돈 후 다시 5초 동안 천천히 심장 주변으로 빠져 나가는 것을 상상하면 됩니다. 이렇게 세 번 정도만 해도 마음과 몸이 편해지고, 부정적인 감정으로 치닫던 몸 상태가 중립으로 가기 시작합니다.

2단계 : 스트레스를 불러일으키는 생각과 감정에서 멀어지는 상상을 한다

두 번째 단계에서는 그 속도로 호흡을 하면서 스트레스를 불러일으키는 생각이나 감정으로부터 멀어지는 상상을 하는 것입니다. 예컨대, 친구와 갈등을 빚는 상황이라면 마치 멀리 관람석에서 무대를 바라보듯이 거리를 두는 것입니다. 그렇게 상상하면서 천천히 호흡을 계속합니다.

3단계 : 계속해서 호흡한다

마지막으로 세 번째 단계에서는 부정적 감정으로 꽉 차 있는 상태가 천천히 중화될 때까지 계속해서 심장호흡에 집중합니다. 이렇게 하면 감정이 중립 상태로 간다는 것이 과학적으로 입증되었습니다.

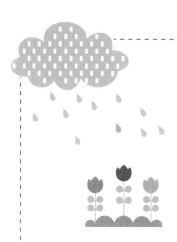

아이는 어른으로부터 받는 존재입니다.
그리고 어른이 되어 간다는 것은
받는 입장에서 주는 입장으로 발전하는 과정입니다.

- 조벽

년   월   일   요일

베풂은 결과가 아니라 과정이며, 행위가 아니라 습관입니다. 그리고 희생이 아니라 리더십입니다.

🌱 운동일기 ・오늘 내가 한 운동 (   ) ・운동 시간 : 아침・낮・저녁・밤 (분)

・운동 후 생각이나 느낌

🌱 다행일기 ・나는 ~ 라서 다행이다

・나는 ~ 아니라서 다행이다

🌱 감사일기 ・나는 ~(아니)라서 감사하다

・나는 비록 ~지만 ~(아니)라서 감사하다

🌱 감정일기 ・오늘 나의 감정을 소리로 표현해본다면? 예 : 조용함, 왁자지껄함 (   )

・오늘 나의 행복지수는? ☹ -5 -4 -3 -2 -1 0 +1 +2 +3 +4 +5 😄

Tip & Memo

감정을 소리로 표현한 예 : 조용함, 왁자지껄함, 휘파람 소리, 우르릉 쾅쾅, 바람소리, 개짖는 소리, 냐옹~, 와장창, 출렁출렁, 소곤소곤, 쿵쾅쿵쾅, 두근두근, 박수소리, 꼬르륵, 아이 우는 소리, 우왕 좌왕하는 소리, 비명소리, 좋아하는 노랫소리, 눈 밟는 소리 등

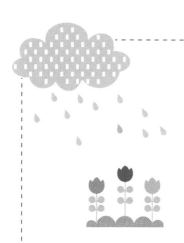

약으로 몸을 돕게 하는 것보다
음식을 잘 먹는 것이 더 낫고,
음식을 잘 먹는 것보다
걷는 것이 더 좋다.

- 허준

몸이 건강한 것과 감각이 살아있는 것은 삶에 주어지는 두 가지 축복이다.
– 푸블릴리우스 시루스

😊 **운동일기** · 오늘 내가 한 운동 (   )   · 운동 시간 : 아침 · 낮 · 저녁 · 밤 (분)

· 운동 후 생각이나 느낌

😊 **다행일기** · 나는 ~ 라서 다행이다

· 나는 ~ 아니라서 다행이다

😊 **감사일기** · 나는 ~(아니)라서 감사하다

· 나는 비록 ~지만 ~(아니)라서 감사하다

😊 **감정일기** · 오늘 나의 감정을 소리로 표현해본다면? 예 : 휘파람 소리, 바람소리 (   )

· 오늘 나의 행복지수는?   😞 -5 -4 -3 -2 -1 0 +1 +2 +3 +4 +5 😊

Tip & Memo

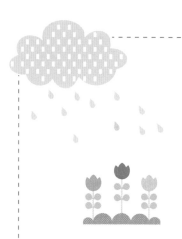

기억은 달라질 수 있습니다.

지금 떠오르는 기억과 몇 달 또는 몇 년 후의 주요 사건들과 등장인물, 생각과 느낌 등이 달라질 수 있다는 것이지요. 옷장이나 서랍을 정리하듯 우리 머리와 마음속 기억을 정리해봅시다.

기억 정리는 '글쓰기'가 치유와 성장에 도움이 된다는 방대한 연구에 기초하여 최성애 박사가 시기별로 기억을 정리할 수 있도록 틀을 만든 것입니다.

🌱 **운동일기** ・오늘 내가 한 운동 (　　　　　　　　)　・운동 시간 : 아침・낮・저녁・밤 (　　　분)

・운동 후 생각이나 느낌

🌱 **다행일기** ・나는 ~ 라서 다행이다

・나는 ~ 아니라서 다행이다

🌱 **감사일기** ・나는 ~(아니)라서 감사하다

・나는 비록 ~지만 ~(아니)라서 감사하다

🌱 **감정일기** ・오늘 나의 감정을 소리로 표현해본다면? 예 : 개짖는 소리, 와장창 (　　　　　　)

・오늘 나의 행복지수는?　☹ -5 -4 -3 -2 -1 0 +1 +2 +3 +4 +5 ☺

Tip & Memo

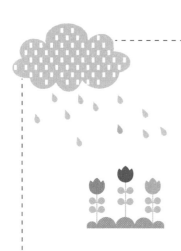

사랑한다는 것은
정지되어 있는 것이 아니다.
시간에 걸쳐 사랑은 깊어진다.
서로에게 정신없이 열중하며 서로에게 홀리는 것은
부분적으로 그 사람의 겉모습에 열광하는 상태이며
서로에 대해 아는 것이 없기 때문이다.

- 존 가트맨

년   월   일   요일

가까운 사람이 적어준 나의 장점 목록을 갖고 있으면 비싼 가구나 귀중품을 갖고 있는 것보다 훨씬 마음이 풍요로울 것입니다. 장점을 적은 것을 액자에 넣거나 복사해서 냉장고나 현관문, 침실에 붙여보세요. 서로의 좋은 점이 자주 눈에 들어와 긍정적인 정서가 쌓일 것입니다.

🌱 **운동일기** • 오늘 내가 한 운동 (   ) • 운동 시간 : 아침 • 낮 • 저녁 • 밤 (분)

• 운동 후 생각이나 느낌

🌱 **다행일기** • 나는 ~ 라서 다행이다

• 나는 ~ 아니라서 다행이다

🌱 **감사일기** • 나는 ~(아니)라서 감사하다

• 나는 비록 ~지만 ~(아니)라서 감사하다

🌱 **감정일기** • 오늘 나의 감정을 소리로 표현해본다면? 예 : 눈 밟는 소리 (   )

• 오늘 나의 행복지수는? ☹ -5 -4 -3 -2 -1 0 +1 +2 +3 +4 +5 ☺

Tip & Memo

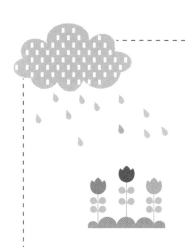

자세히 보아야 예쁘다

오래 보아야 사랑스럽다

너도 그렇다

- 나태주 시인의 '풀꽃' 중에서

세상에서 가장 아름다운 것은 눈에 보이지도, 손으로 만져지지도 않습니다. 그것은 오직 마음으로만 느낄 수 있습니다. – 헬렌 켈러

운동일기 • 오늘 내가 한 운동 (   )   • 운동 시간 : 아침 • 낮 • 저녁 • 밤 (분)

           • 운동 후 생각이나 느낌

다행일기 • 나는 ~ 라서 다행이다

           • 나는 ~ 아니라서 다행이다

감사일기 • 나는 ~(아니)라서 감사하다

           • 나는 비록 ~지만 ~(아니)라서 감사하다

감정일기 • 오늘 나의 감정을 소리로 표현해본다면? 예 : 우왕좌왕하는 소리 (   )

           • 오늘 나의 행복지수는?   ☹ -5 -4 -3 -2 -1 0 +1 +2 +3 +4 +5 ☺

Tip & Memo

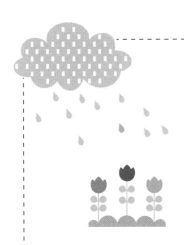

누군가에게 깊이 사랑받고 있으면 힘이 생기고
누군가를 깊이 사랑하고 있으면 용기가 생긴다.

- 노자

년   월   일   요일

신뢰는 서로가 상대방을 위해 기꺼이 자기 행동을 바꾸려고 할 때 생기는 구체적인 상태입니다. 희생하는 것이 아니라 두 사람의 행복이 서로 얽혀 있다는 것을 의미합니다. 그래서 신뢰가 높을수록 서로를 더 보호해주고 잘 돌봅니다. – 존 가트맨

🌱 **운동일기** ㆍ오늘 내가 한 운동 (   )   ㆍ운동 시간 : 아침ㆍ낮ㆍ저녁ㆍ밤 (분)

ㆍ운동 후 생각이나 느낌

🌱 **다행일기** ㆍ나는 ~ 라서 다행이다

ㆍ나는 ~ 아니라서 다행이다

🌱 **감사일기** ㆍ나는 ~(아니)라서 감사하다

ㆍ나는 비록 ~지만 ~(아니)라서 감사하다

🌱 **감정일기** ㆍ오늘 나의 감정을 소리로 표현해본다면? 예 : 박수소리, 꼬르륵 (   )

ㆍ오늘 나의 행복지수는?   ☹ -5 -4 -3 -2 -1 0 +1 +2 +3 +4 +5 ☺

Tip & Memo

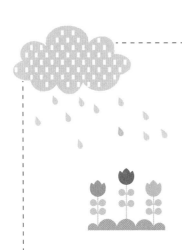

요청할 때는
부드럽고 구체적으로,

상대가 요청을 들어줬을 때는
'고맙습니다. 감사합니다'!

년   월   일   요일

누구든지 조금이라도 기다릴 필요없이 좋은 세상을 만들어 나갈 수 있다는 것이 얼마나 멋진 일인가요! - 안네 프랑크

🌱 운동일기 • 오늘 내가 한 운동 (   ) • 운동 시간 : 아침 • 낮 • 저녁 • 밤 (분)

• 운동 후 생각이나 느낌

🌱 다행일기 • 나는 ~ 라서 다행이다

• 나는 ~ 아니라서 다행이다

🌱 감사일기 • 나는 ~(아니)라서 감사하다

• 나는 비록 ~지만 ~(아니)라서 감사하다

🌱 감정일기 • 오늘 나의 감정을 소리로 표현해본다면? 예 : 비명소리, 노랫소리 (   )

• 오늘 나의 행복지수는? ☹ -5 -4 -3 -2 -1 0 +1 +2 +3 +4 +5 ☺

Tip & Memo

| 행복일기 4단계 |

(6~7주차)

선행일기

4단계부터 선행일기가 시작됩니다. 선행일기는 관계 속에서 타인의 필요를 채워줄 수 있는 자신의 선함을 발견하고 그 선함을 타인에게 베풀면서 자존감과 행복감을 향상시키는 훈련입니다.

무기력한 자신이 타인에게 도움이 되는 행동을 해냈다는 느낌은 자기유능감과 연결됩니다. 사회 일원으로서 살아가고자 할 때 큰 과업이 주어지면 두렵고 좌절감을 느낄 수 있지만, 자신이 할 수 있는 만큼 타인에게 베푸는 성공적인 경험은 사회 일원으로서의 소속감과 유대감을 증진시킵니다.

선행일기는 특히 우울증이 심한 사람에게 치료제와 예방제 역할을 합니다. 대개 우울할 때는 심리적·인지적·정서적·신체적으로 위축되고 자신만을 생각하게 됩니다. 그러면서도 자신이 쓸모없고 무가치한 존재로 여겨져서 더욱 우울해집니다. 이럴 때 타인에게 아무리 작은 일이라도 선행을 하면 자기중심에서 벗어날 수 있고 '봉사자의 기쁨(고양된 기분)'을 느낄 수 있을 뿐 아니라 자신이 유익하고 소중한 존재임을 몸으로 느낄 수 있습니다. 또한 행복의 조건에 관한 장기 연구에 의하면 '타인을 돕는 행동이 행복도와 연관성이 있다'라고 입증되었습니다.

무엇보다 이타심은 인간 성장의 최고 단계라고 할 수 있습니다. 남에게 도움을 받아야 했던 사람이 남을 도울 수 있다면, 일상으로 돌아갈 준비가 되었다는 신호입니다.

선행일기 쓰는 방법

오늘 하루를 되돌아보며 내가 한 작은 선행을 한 가지 찾아보고, 그때의 느낌이나 생각을 간단히 적으면 됩니다. 이때 선행이란, 친구에게 해준 따뜻한 위로의 말일 수도 있고, 누군가에게 해준 친절한 행동일 수도 있습니다.

선행일기의 예

- 오늘 나는 다른 사람에게 어떤 도움을 주었나요? 그때의 생각이나 느낌을 적어보세요

  오늘은 밥을 먹고 평소와 달리 설거지를 했다. 별것도 아닌데 아내가 정말 좋아했다. 그래서 나도 뿌듯했다.

- 중학생들이 실제로 쓴 선행일기

  - 아침에 학교에 일찍 와서 교실 창문을 열어 환기를 했다.

  - 친구 강찬민이 어려워하는 수학 문제를 설명해주었다.

  - 7교시 대청소 때 정말 열심히 했다.

  - 동생에게 리본 묶는 법을 알려줬다.

  - 에어컨 바람이 밖으로 나가지 않게 문을 계속 닫았다.

과거 심리학이 정신분석이나 행동주의에 치중했다면, 최근에는 뇌과학과 심장과학에 기반을 두고 인지와 정서에 치중하고 있습니다. 과거에는 문제를 찾아 고쳐주는 식으로 인간의 부정적인 모습에 집중했다면 이제는 장점과 잠재력을 찾아 키워주는 '긍정치료'에 집중할 것입니다.

🌑 **운동일기** · 오늘 내가 한 운동 (   ) · 운동 시간 : 아침 · 낮 · 저녁 · 밤 (분)

· 운동 후 생각이나 느낌

🌑 **다행일기** · 나는 ~라서 다행이다 / 나는 ~아니라서 다행이다 / 나는 비록 ~지만 ~(아니)라서 다행이다

🌑 **감사일기** · 오늘 가장 고마웠던 한 사람을 떠올리고, 그 사람에게 짤막한 감사의 글을 적어보세요

🌑 **선행일기** · 오늘 나는 다른 사람에게 어떤 도움을 주었나요? 그때의 생각이나 느낌을 적어보세요

🔄 **장점일기** · 오늘 발견한 나의 장점 1가지

· 나와 관계가 힘들었던 사람의 장점 1가지

🔄 **감정일기** · 오늘 나의 감정을 촉감으로 표현해본다면? 예 : 따뜻함, 시원함 (   )

· 오늘 나의 행복지수는? 😞 -5 -4 -3 -2 -1 0 +1 +2 +3 +4 +5 😄

<u>Tip & Memo</u>

감정을 촉감으로 표현한 예 : 따뜻함, 시원함, 차가움, 아픔, 간지러움, 부드러움, 끈적함, 따가움, 닭살 돋음, 폭신폭신, 쓰라림, 혐오스러운 느낌, 안마 받을 때 느낌, 속이 시원한 느낌, 바늘방석에 앉은 느낌, 등줄기에 땀이 흐를 때 느낌 등.

나에게 스트레스를 주는 사람의 장점을 찾는 것은 쉬운 일이 아닙니다. 힘든 일이기도 하고, 또 하기 싫을 수도 있습니다. 하지만 관계의 달인들은 습관적으로 긍정적인 것을 먼저 봅니다. 예컨대, 퇴근하고 집에 돌아왔는데 집에서 맛있는 냄새가 납니다. 하지만 집은 무척 어질러져 있습니다. 빨랫감이 여기저기 놓여 있고, 아이의 장난감과 책이 흩어져 있고, 아침에 보던 신문도 그대로 있습니다. 그럴 때 관계의 달인은 집에 들어서면서 우선 "아~ 맛있는 냄새 난다! 배고프다. 당신 맛있는 것 만들었구나?" 하고 긍정적인 것을 먼저 인식하고 적극적으로 표현합니다.
상대방의 장점을 찾기가 어렵다면 192쪽 예시를 참고하셔도 좋습니다.

작은 일을 조금씩 자주 하라 Small things often. – 존 가트맨

운동일기   • 오늘 내가 한 운동 (   )   • 운동 시간 : 아침 • 낮 • 저녁 • 밤 (분)

           • 운동 후 생각이나 느낌

다행일기   • 나는 ~라서 다행이다 / 나는 ~아니라서 다행이다 / 나는 비록 ~지만 ~(아니)라서 다행이다

감사일기   • 오늘 가장 고마웠던 한 사람을 떠올리고, 그 사람에게 짤막한 감사의 글을 적어보세요

선행일기   • 오늘 나는 다른 사람에게 어떤 도움을 주었나요? 그때의 생각이나 느낌을 적어보세요

장점일기 • 오늘 발견한 나의 장점 1가지

• 나와 관계가 힘들었던 사람의 장점 1가지

감정일기 • 오늘 나의 감정을 촉감으로 표현해본다면? 예 : 차가움, 간지러움 (　　　　　　　　　)

• 오늘 나의 행복지수는? 😞 -5 -4 -3 -2 -1 0 +1 +2 +3 +4 +5 😃

Tip & Memo

가트맨 박사에 따르면 긍정성의 효과는 얼마나 '자주' 하느냐(빈도)에 달렸지 얼마나 돈이 들었는지, 얼마나 새롭고 거창한 것을 해주었는지에 달린 게 아니었습니다. 평소에는 배우자에게 관심을 거의 보이지 않다가 생일에만 외식을 한다거나 결혼 30주년을 맞아 5캐럿짜리 다이아몬드 반지를 선물하는 것보다 사소한 일을 자주 하는 것이 좋다는 뜻입니다.
평소에 긍정적인 언행을 많이 하되 행동으로 표현하는 것이 훨씬 좋습니다. 배우자가 힘들어 할 때 아무 말 없이 어깨를 두드려준다든지 말입니다.

일상에서 긍정적인 마음 전달하는 일(선행)
뒷사람을 위해 잠시 문을 잡아주기 / 부탁한 일에 '고맙습니다, 감사합니다.'라고 말하기 / 요리해주기 / 어깨 주물러주기 / 짐 같이 옮기기 / 길 비켜주기 / 쓰레기 줍기 / 격려하기(장점찾기) / 자리 양보해주기 / 옷 털어주기 / 어려운 일 친절하게 알려주기 / 설거지하기 / 방청소하기

년   월   일   요일

우리의 뇌는 태어나서 죽을 때까지 우리가 누구인지 관심을 보이고, 우리를 찾고, 우리를 편안하게 해주는 타인을 필요로 합니다.

😊 **운동일기** · 오늘 내가 한 운동 (   ) · 운동 시간 : 아침 · 낮 · 저녁 · 밤 (분)

· 운동 후 생각이나 느낌

😊 **다행일기** · 나는 ~라서 다행이다 / 나는 ~아니라서 다행이다 / 나는 비록 ~지만 ~(아니)라서 다행이다

😊 **감사일기** · 오늘 가장 고마웠던 한 사람을 떠올리고, 그 사람에게 짤막한 감사의 글을 적어보세요

😊 **선행일기** · 오늘 나는 다른 사람에게 어떤 도움을 주었나요? 그때의 생각이나 느낌을 적어보세요

😊 장점일기　• 오늘 발견한 나의 장점 1가지

　　　　　　　• 나와 관계가 힘들었던 사람의 장점 1가지

😊 감정일기　• 오늘 나의 감정을 촉감으로 표현해본다면? 예 : 부드러움, 끈적함 （　　　　　　　　）

　　　　　　　• 오늘 나의 행복지수는?　☹ -5　-4　-3　-2　-1　0　+1　+2　+3　+4　+5 😄

Tip & Memo

사랑은 생존지능입니다.
사랑, 자비, 용서, 공감, 배려, 온정과 같은 품성은
배우고 연습하고 발달시켜야 할 생존지능입니다.

Day 39 　　　　　　　　　　　　　　　　　　년 　　　월 　　　일 　　　요일

지금 스트레스를 받고 있다면, 5초 동안 천천히 숨을 들이쉬고 다시 5초 동안 천천히 숨을 내쉬어보세요. 그렇게 3번 정도 한 다음 다행일기를 적습니다. 그리고 그 내용을 살짝 바꾸어 감사일기에 적어보세요. 이 방법은 매우 빠르고 효과적인 스트레스 중화법입니다.

운동일기 • 오늘 내가 한 운동 (　　　　　　　) • 운동 시간 : 아침 • 낮 • 저녁 • 밤 (　　 분)

• 운동 후 생각이나 느낌

다행일기 • 나는 ~라서 다행이다 / 나는 ~아니라서 다행이다 / 나는 비록 ~지만 ~(아니)라서 다행이다

감사일기 • 오늘 가장 고마웠던 한 사람을 떠올리고, 그 사람에게 짤막한 감사의 글을 적어보세요

선행일기 • 오늘 나는 다른 사람에게 어떤 도움을 주었나요? 그때의 생각이나 느낌을 적어보세요

😊 **장점일기** • 오늘 발견한 나의 장점 1가지

• 나와 관계가 힘들었던 사람의 장점 1가지

😊 **감정일기** • 오늘 나의 감정을 촉감으로 표현해본다면? 예 : 닭살 돋음, 폭신폭신 (   )

• 오늘 나의 행복지수는? ☹ -5 -4 -3 -2 -1 0 +1 +2 +3 +4 +5 😄

Tip & Memo

심장은 자체에 복잡한 신경체계가 있고 이를 심장두뇌라고 합니다. 심장에서 두뇌로 가는 정보량은 두뇌에서 심장으로 가는 정보량보다 훨씬 많습니다. 심장 신호는 특히 두뇌의 의사결정, 창의력, 자기조절 부위에 영향을 줍니다. 긴장하거나 화가 났을 때 천천히 호흡하는 것이 중요한 이유가 여기 있습니다.

머리로는 '침착해야지', '참아야 해' 라고는 하지만 정작 마음으로, 행동으로는 잘 안 될 때가 많습니다. 그때는 방법을 바꾸어야 합니다. 천천히 호흡하면서 심장에 집중하며 천천히 호흡하는 것이 훨씬 효과적입니다. 이것을 심장호흡이라고 합니다. 만약 잘 안 된다면 양해를 구하고 그 자리를 잠시 피하는 것이 좋습니다. 평생 잊히지 않을 상처 주는 말이나 행동하는 것보다 훨씬 낫기 때문입니다.

년   월   일   요일

사람을 싫어하는 것을 고치는 간단한 방법이 있다. 그것은 타인의 장점을 발견하는 것이다.
– 데일 카네기

😊 **운동일기** • 오늘 내가 한 운동 (   ) • 운동 시간 : 아침 • 낮 • 저녁 • 밤 (분)

• 운동 후 생각이나 느낌

😊 **다행일기** • 나는 ~라서 다행이다 / 나는 ~아니라서 다행이다 / 나는 비록 ~지만 ~(아니)라서 다행이다

😊 **감사일기** • 오늘 가장 고마웠던 한 사람을 떠올리고, 그 사람에게 짤막한 감사의 글을 적어보세요

😊 **선행일기** • 오늘 나는 다른 사람에게 어떤 도움을 주었나요? 그때의 생각이나 느낌을 적어보세요

😊 장점일기　• 오늘 발견한 나의 장점 1가지

　　　　　　　　• 나와 관계가 힘들었던 사람의 장점 1가지

😊 감정일기　• 오늘 나의 감정을 촉감으로 표현해본다면? 예 : 쓰라림, 뜨거움 (　　　　　　　　　)

　　　　　　　　• 오늘 나의 행복지수는?　☹ -5 -4 -3 -2 -1 0 +1 +2 +3 +4 +5 😄

Tip & Memo

　싫은 사람의 장점을 찾는 것은 인식의 습관을 긍정적으로 바꾸어줍니다. 저는 부부관계 치료를 할 때 첫 과제로 서로의 장점을 50가지씩 적어 오라고 합니다. 그러면 '보기도 싫은 사람에게 장점이 어디 있겠냐, 단점을 쓰라면 5분 안에 100가지도 쓰겠다, 장점이 전혀 안 보인다'고 말하는 사람들이 많습니다. 그럴 때 먼저 자신의 장점을 50가지 찾아 적은 후에 상대의 장점을 찾기 시작해보라고 합니다. 그 다음 주에 과제를 펼쳐놓고 '내가 생각하는 당신의 장점은…' 하고 배우자의 장점 50가지를 들려주기 시작하면 정말 마술 같은 변화가 일어납니다.

년   월   일   요일

변화를 원하면 먼저 상대를 있는 그대로 좋아하라. 사람은 결점까지도 사랑받고 수용된다고
믿을 때 변화하고자 하는 마음이 생긴다. – 존 가트맨

❂ 운동일기 • 오늘 내가 한 운동 (   )   • 운동 시간 : 아침 • 낮 • 저녁 • 밤 (분)

   • 운동 후 생각이나 느낌

❂ 다행일기 • 나는 ~라서 다행이다 / 나는 ~아니라서 다행이다 / 나는 비록 ~지만 ~(아니)라서 다행이다

❂ 감사일기 • 오늘 가장 고마웠던 한 사람을 떠올리고, 그 사람에게 짤막한 감사의 글을 적어보세요

❂ 선행일기 • 오늘 나는 다른 사람에게 어떤 도움을 주었나요? 그때의 생각이나 느낌을 적어보세요

📷 장점일기　• 오늘 발견한 나의 장점 1가지

　　　　　　　　• 나와 관계가 힘들었던 사람의 장점 1가지

📷 감정일기　• 오늘 나의 감정을 촉감으로 표현해본다면? 예 : 안마받을 때 느낌 (　　　　　　　　)

　　　　　　　　• 오늘 나의 행복지수는?　☹ -5 -4 -3 -2 -1 0 +1 +2 +3 +4 +5 ☺

Tip & Memo

　회복탄력성 연구자인 에미 워너는 하와이 빈민촌에 사는 아이를 연구하였습니다. 그중 대다수의 부모가 실직자이거나 알코올중독자였으며, 일부는 정신병을 앓고 있었습니다. 이런 불우하고 척박한 환경에서 자란 탓에 아이들 3명 중 2명은 나중에 실업자가 되거나 술·약물 중독자가 되었고, 여자아이의 경우 미혼모가 되었습니다.

　그런데 3명 중 1명은 똑같은 어려운 환경에 처하고도 잘 극복해내고 빈곤에서 벗어났으며 파괴적인 생활 습관을 지니지 않았습니다. 회복탄력성을 지닌 사람들은 자기 자신에 대한 높은 기대감, 삶에 대한 깊은 의미를 갖습니다. 그리고 이런 능력을 지닐 수 있었던 가장 큰 이유는 그 아이를 믿어주었던 단 한 사람이 있었기 때문입니다.

　"맞아, 나보고 언젠가는 크게 성공할 녀석이라고 했잖아. 하면 될 거라고 하셨어."

남을 돕은 것은 나의 유능감을 회복시킵니다. 그리고 남을 도우려면 그 사람의 입장에서 바라볼 수 있어야 합니다.

😊 **운동일기** ・오늘 내가 한 운동 (　　　　　　　　) ・운동 시간 : 아침 ・ 낮 ・ 저녁 ・ 밤 (　　분)

　　　　　　 ・운동 후 생각이나 느낌

😊 **다행일기** ・나는 ~라서 다행이다 / 나는 ~아니라서 다행이다 / 나는 비록 ~지만 ~(아니)라서 다행이다

😊 **감사일기** ・오늘 가장 고마웠던 한 사람을 떠올리고, 그 사람에게 짤막한 감사의 글을 적어보세요

😊 **선행일기** ・오늘 나는 다른 사람에게 어떤 도움을 주었나요? 그때의 생각이나 느낌을 적어보세요

🌱 **장점일기** ・ 오늘 발견한 나의 장점 1가지

・ 나와 관계가 힘들었던 사람의 장점 1가지

🌱 **감정일기** ・ 오늘 나의 감정을 촉감으로 표현해본다면? 예 : 바늘방석에 앉은 느낌 (　　　　　　　)

・ 오늘 나의 행복지수는?　☹ -5 -4 -3 -2 -1 0 +1 +2 +3 +4 +5 ☺

Tip & Memo

대인지능과 자기이해지능

다중지능 이론 발표 25주년 기념 글에서 하워드 가드너는 대인지능과 자기이해지능은 사실 하나의 지능의 두 측면일지도 모른다고 했습니다. 타인의 입장을 이해하는 것과 나의 입장을 이해하는 것은 결국 동일한 기능으로, 타인의 입장을 이해하는 순간 자아의식이 생기게 됩니다. 자아개념은 타인의 시선(관점)에서 나를 바라보는 것입니다. 일반적으로 이 지능이 높을수록 행복지수도 높아집니다.

1단계 : 심장에 집중하며 천천히 호흡한다

앞서 소개했듯이, 심하게 화가 나거나 격한 마음이 들 때 마음을 진정시키는 가장 쉽고 효과적인 방법은 심장호흡입니다. 심장 주변으로 5초 동안 에 깨끗한 산소가 들어와 온몸을 돈 후 5초 동안 천천히 심장 주변으로 빠져 나가는 것을 상상하면 됩니다. 5초 동안 천천히 숨을 들이쉬고 다시 5초 동안 천천히 숨을 내쉬는 것입니다. 이 과정을 몇 번만 해도 안정 상태가 됩니다. 하지만 호흡만으로는 안정 상태가 오래가지 않습니다. 잡념이 들기 때문입니다.

2단계 : 고마움을 느낀다

자기 진정의 1단계가 심장호흡이라면, 두 번째 단계는 감정을 움직이는 것입니다. 심장은 감정의 영향을 즉각적으로 받는다고 합니다. 심장이 어떤 감정일 때 가장 편안하게 뛰는지 연구해보니, 고마움을 느낄 때 가장 안정적으로 뛰는 것으로 밝혀졌습니다.

자기 진정의 두 번째 단계는 고마움에 대해 생각하는 것이 아니라 고마움을 '느끼는' 것입니다. 어머니든 할머니든 자신을 무조건적으로 사랑해주셨던 분이나, 고마운 친구나, 사랑하는 강아지나, 좋아하는 활동 등을 떠올립니다. 이렇게 심장호흡을 몇 번 하고 나서 고마운 마음을 느끼면 스트레스는 점점 낮아집니다.

이때 생각을 하는 것은 별로 도움이 안 됩니다. 생각의 힘보다 심장의 힘이 5천 배는 강하다고 합니다. 생각은 두뇌로 하는데, 생각을 할 때 심장활동 데이터를 살펴보면 대개 심박변동률이 불규칙합니다. 하지만 긍정적 감정, 특히 감사함을 느낄 때는 심박변동률이 안정 상태로 변하고 그 상태가 오래 지속됩니다.

"

저는 다른 사람의 단점을 먼저 찾는 사람이었습니다. 그 사람이 어떤 실수를 했고 어디가 틀렸는지가 먼저 보였습니다. 화도 많이 냈고, 심하게 업무도 맡겼습니다. 저는 그게 옳은 방법이라고 믿었습니다. 그들의 잘못을 바로잡아주는 일은 당연하다고 생각했습니다. 하지만 의도와는 다르게 주변 사람들이 힘들어했습니다. 관계도 많이 나빠졌습니다.

그러던 중 최성애·조벽 교수님으로부터 장점 찾기와 심장호흡을 배웠습니다. 처음에는 너무 어려웠습니다. 내용은 쉽지만 실천하는 것이 힘들었습니다. 그래서 많이 실패했지만 꾸준히 했습니다.

1년이 지난 지금 많은 것들이 변했습니다. 후회할 만한 말이 많이 줄었고, 스트레스 상황에서 빠르게 벗어나올 수 있게 되었습니다. 특히 장점 찾기와 심장호흡에서의 다행스러운 것 찾기는 주변을 바라보는 시선을 변화시켰습니다. 직장 동료가 일을 잘못하고 있더라도 잘못한 건 이야기해주되 조금 더 편안하게 이야기해주는 것이 가능하게 되었습니다. 그리고 되도록 단점보다는 장점을 찾아서 잘할 수 있도록 격려해주는 제 자신을 발견하고 있습니다.

– 행복일기를 쓴 어느 독자의 편지 중에서

이른 아침의 산책은 그날 하루의 축복입니다. – 핸리 데이비드 소로

🌱 **운동일기** ・오늘 내가 한 운동 (　　　　　　　　　)　・운동 시간 : 아침・낮・저녁・밤 (　　분)

　　　　　　　・운동 후 생각이나 느낌

🌱 **다행일기** ・나는 ~라서 다행이다 / 나는 ~아니라서 다행이다 / 나는 비록 ~지만 ~(아니)라서 다행이다

🌱 **감사일기** ・오늘 가장 고마웠던 한 사람을 떠올리고, 그 사람에게 짤막한 감사의 글을 적어보세요

🌱 **선행일기** ・오늘 나는 다른 사람에게 어떤 도움을 주었나요? 그때의 생각이나 느낌을 적어보세요

😊 장점일기 • 오늘 발견한 나의 장점 1가지

• 나와 관계가 힘들었던 사람의 장점 1가지

😊 감정일기 • 오늘 나의 감정을 색으로 표현해본다면? 예 : 빨간색, 까망, 초록색 (   )

• 오늘 나의 행복지수는? ☹ -5 -4 -3 -2 -1 0 +1 +2 +3 +4 +5 ☺

Tip & Memo

감정을 색으로 표현한 예 : 빨간색, 까망, 초록색, 보라색, 하양, 노랑, 회색, 파랑, 옅은 갈색빛, 짙은 회색, 빨강하고 파랑, 은은한 촛불빛, 바다색, 시커먼 구름색, 예쁜 노을빛, 뿌연 아침안개 같음, 투명한 물방울색, 비가 갠 뒤 무지개빛 등.

최근 과학적인 두뇌 연구로 운동신경을 관장하는 소뇌와 운동의 중요성이 새롭게 이해되고 있습니다. 소뇌는 추상적인 개념을 순차적으로 정리하는 능력과 연관되어 있으며, 시각적 정보를 종합적으로 처리하여 학습이 효과적으로 이루어지도록 돕습니다. 또한 소뇌는 감정을 느끼는 데도 관련되어 있는데, 특히 두려움과 즐거움에 영향을 미치며 주의력과도 연관됩니다.

쉽게 말하자면 운동을 하면 소뇌가 발달하게 되며, 소뇌의 성숙이 나머지 두뇌를 더 효과적으로 만들어준다는 것입니다.

년   월   일   요일

최고의 리더십 교육은 '마음을 베푸는 것'입니다.

🌝 **운동일기** • 오늘 내가 한 운동 (   ) • 운동 시간 : 아침 • 낮 • 저녁 • 밤 (분)

　　　　　　　 • 운동 후 생각이나 느낌

🌝 **다행일기** • 나는 ~라서 다행이다 / 나는 ~아니라서 다행이다 / 나는 비록 ~지만 ~(아니)라서 다행이다

🌝 **감사일기** • 오늘 가장 고마웠던 한 사람을 떠올리고, 그 사람에게 짤막한 감사의 글을 적어보세요

🌝 **선행일기** • 오늘 나는 다른 사람에게 어떤 도움을 주었나요? 그때의 생각이나 느낌을 적어보세요

장점일기 · 오늘 발견한 나의 장점 1가지

· 나와 관계가 힘들었던 사람의 장점 1가지

감정일기 · 오늘 나의 감정을 색으로 표현해본다면? 예 : 하양, 노랑, 회색, 파랑 (   )

· 오늘 나의 행복지수는? ☹ -5 -4 -3 -2 -1 0 +1 +2 +3 +4 +5 ☺

Tip & Memo

최고의 리더십

리더십은 앉아서 배우는 과목이 아니고 현장에서 배우는 교육입니다. 자기가 먹은 밥그릇 하나라
도 개수대로 옮겨놓게 하는 것이 리더십 교육입니다. 고맙다는 말을 하게 하는 것, 먼저 인사하게
하는 것도 리더십 교육입니다. 그 중에서도 최고의 리더십 교육은 '마음을 베푸는 것'입니다.

사랑의 첫 번째 의무는 상대방에게 귀 기울이는 것입니다. - 폴 틸리히

💕 **운동일기** • 오늘 내가 한 운동 (　　　　　　　) • 운동 시간 : 아침 • 낮 • 저녁 • 밤 (　　분)

　　　　　　• 운동 후 생각이나 느낌

💕 **다행일기** • 나는 ~라서 다행이다 / 나는 ~아니라서 다행이다 / 나는 비록 ~지만 ~(아니)라서 다행이다

💕 **감사일기** • 오늘 가장 고마웠던 한 사람을 떠올리고, 그 사람에게 짤막한 감사의 글을 적어보세요

💕 **선행일기** • 오늘 나는 다른 사람에게 어떤 도움을 주었나요? 그때의 생각이나 느낌을 적어보세요

🌱 **장점일기** · 오늘 발견한 나의 장점 1가지

· 나와 관계가 힘들었던 사람의 장점 1가지

🌱 **감정일기** · 오늘 나의 감정을 색으로 표현해본다면? 예 : 옅은 갈색빛, 짙은 회색 (   )

· 오늘 나의 행복지수는? ☹ -5 -4 -3 -2 -1 0 +1 +2 +3 +4 +5 😄

Tip & Memo

다른 사람들의 관심을 끄는 것이 효과적인 대화라고 생각하는 사람이 많지만,
실제로는 다른 사람에게 관심을 가지고 귀를 기울이는 것이 효과적인 대화다.
- 존 가트맨

때로는 가장 친밀한 관계가 가장 힘겨운 관계로 변하기도 합니다. 이때 부부나 애인 간에 서로의 장점을 찾아보는 과정은 관계 회복에 큰 도움이 됩니다.

😊 **운동일기**　• 오늘 내가 한 운동 (　　　　　　　　　　) 　• 운동 시간 : 아침 • 낮 • 저녁 • 밤 (　　　분)

　　　　　　　　• 운동 후 생각이나 느낌

😊 **다행일기**　• 나는 ~라서 다행이다 / 나는 ~아니라서 다행이다 / 나는 비록 ~지만 ~(아니)라서 다행이다

😊 **감사일기**　• 오늘 가장 고마웠던 한 사람을 떠올리고, 그 사람에게 짤막한 감사의 글을 적어보세요

😊 **선행일기**　• 오늘 나는 다른 사람에게 어떤 도움을 주었나요? 그때의 생각이나 느낌을 적어보세요

✿ 장점일기　• 오늘 발견한 나의 장점 1가지

　　　　　　　• 나와 관계가 힘들었던 사람의 장점 1가지

✿ 감정일기　• 오늘 나의 감정을 색으로 표현해본다면? 예 : 빨강하고 파랑, 보라색 (　　　　　　　　　)

　　　　　　　• 오늘 나의 행복지수는?　☹ -5 -4 -3 -2 -1 0 +1 +2 +3 +4 +5 😄

Tip & Memo

행복은 관계에서 비롯됩니다. '이 사람이 얼마나 나쁜 사람인가'를 만천하에 공개하는 것이 목표가 아니고 두 사람의 관계를 회복하는 것이 진정한 목표라면, 그 사람의 좋은 점을 생각하는 연습을 하면 됩니다.

5:1의 황금비
가장 행복한 사람들 중 상위 10%를 조사해보니 그들은 사람들과의 관계가 건강했습니다. 가트맨 박사의 연구에 의하면 관계가 건강하려면 긍정성이 부정성보다 5배가 높았습니다. 부부 사이에서는 부정적인 표현이 긍정적 표현보다 약간만 올라가도(1.25배만 돼도) 관계는 이혼으로 방향을 바꾸기 시작합니다.

아이는 어른이 하기 나름입니다. 먼저 변화를 시도해야 하는 사람은 어른입니다. 부모님이든 선생님이든 마찬가지입니다. - 조벽

🌻 **운동일기** ・오늘 내가 한 운동 (　　　　　　　　) ・운동 시간 : 아침・낮・저녁・밤 (　　분)

　　　　　　 ・운동 후 생각이나 느낌

🌻 **다행일기** ・나는 ~라서 다행이다 / 나는 ~아니라서 다행이다 / 나는 비록 ~지만 ~(아니)라서 다행이다

🌻 **감사일기** ・오늘 가장 고마웠던 한 사람을 떠올리고, 그 사람에게 짤막한 감사의 글을 적어보세요

🌻 **선행일기** ・오늘 나는 다른 사람에게 어떤 도움을 주었나요? 그때의 생각이나 느낌을 적어보세요

장점일기 · 오늘 발견한 나의 장점 1가지

· 나와 관계가 힘들었던 사람의 장점 1가지

감정일기 · 오늘 나의 감정을 색으로 표현해본다면? 예 : 은은한 촛불빛, 바다색 (   )

· 오늘 나의 행복지수는? ☹ -5 -4 -3 -2 -1 0 +1 +2 +3 +4 +5 ☺

Tip & Memo

나는 엄청난 결론에 도달했다.

나는 교실의 결정적 요인이다.

내가 어떻게 하느냐에 따라 교실의 분위기가 만들어진다.

매일 내 기분이 교실의 기후를 만든다.

교사로선 난 학생의 삶을 비참하게 만들 수도 있고 즐겁게 만들 수도 있는 엄청난 힘을 갖고 있다.

나는 학생에게 고문의 도구도 될 수 있고, 반대로 영감을 주는 악기도 될 수 있다.

난 학생에게 굴욕감 또는 웃음을 줄 수 있고, 상처 또는 치유를 줄 수 있다.

어떤 상황에서도 그 위기를 악화시킬지 가라앉힐지, 학생을 인간적으로 또는 비인간적으로 만들지 결정하는 것은 전적으로 내 책임이다.

- 하임 기너트(감정코칭 창시자)

행복은 관계에서 비롯됩니다. 나는 행복해지는데 다른 사람이 불행해진다면 그것은 불행입니다.

🌝 **운동일기** • 오늘 내가 한 운동 (   )   • 운동 시간 : 아침 · 낮 · 저녁 · 밤 (분)

            • 운동 후 생각이나 느낌

🌝 **다행일기** • 나는 ~라서 다행이다 / 나는 ~아니라서 다행이다 / 나는 비록 ~지만 ~(아니)라서 다행이다

🌝 **감사일기** • 오늘 가장 고마웠던 한 사람을 떠올리고, 그 사람에게 짤막한 감사의 글을 적어보세요

🌝 **선행일기** • 오늘 나는 다른 사람에게 어떤 도움을 주었나요? 그때의 생각이나 느낌을 적어보세요

장점일기 · 오늘 발견한 나의 장점 1가지

· 나와 관계가 힘들었던 사람의 장점 1가지

감정일기 · 오늘 나의 감정을 색으로 표현해본다면? 예 : 시커먼 구름색, 예쁜 노을빛 (　　　　　　)

· 오늘 나의 행복지수는?　☹　-5　-4　-3　-2　-1　0　+1　+2　+3　+4　+5　☺

Tip & Memo

"천국에 들어가려면 두 가지 질문에 답해야 한다는군.

하나는 인생에서 기쁨을 찾았는가?

다른 하나는 당신의 인생이 다른 사람들을 기쁘게 해주었는가? 라네."

- 영화 『버킷 리스트』 중에서

선행을 할 때마다 당신은 어둠으로부터 조금씩 더 멀어지면서 빛을 발하게 됩니다. 그리고 그 빛은 당신이 세상을 떠난 뒤에도 계속 남아 세상의 어둠을 밀어낼 것입니다.
– 찰스 드 린트

🔸 **운동일기** · 오늘 내가 한 운동 (　　　　　　　　) · 운동 시간 : 아침 · 낮 · 저녁 · 밤 (　　분)

　　　　　　· 운동 후 생각이나 느낌

🔸 **다행일기** · 나는 ~라서 다행이다 / 나는 ~아니라서 다행이다 / 나는 비록 ~지만 ~(아니)라서 다행이다

🔸 **감사일기** · 오늘 가장 고마웠던 한 사람을 떠올리고, 그 사람에게 짤막한 감사의 글을 적어보세요

🔸 **선행일기** · 오늘 나는 다른 사람에게 어떤 도움을 주었나요? 그때의 생각이나 느낌을 적어보세요

❤ 장점일기   • 오늘 발견한 나의 장점 1가지

• 나와 관계가 힘들었던 사람의 장점 1가지

❤ 감정일기   : 오늘 나의 감정을 색으로 표현해본다면? 예 : 비가 갠 뒤 무지개빛 (   )

• 오늘 나의 행복지수는?   ☹ -5 -4 -3 -2 -1 0 +1 +2 +3 +4 +5 ☺

Tip & Memo

　　당신이 옆 사람들을 위해 먼저 도와주고 싶은 마음이 생긴다면, 당신 마음이 치유되고 있다는 증거입니다. 나의 마음 깊은 내면이 치유되면, 비로소 주위 사람들을 둘러볼 수 있는 여유가 생기는 것입니다. 역으로 내가 먼저 주변 사람들을 돌보며 선한 행동을 할 때 치유가 일어나기도 합니다.

| 행복일기 5단계 |

(8주차)

감정일기

5단계부터는 감정일기가 보다 깊이 있게 진행됩니다. 감정일기는 하루를 돌아보며 가장 좋았거나 힘들었던 일을 기록하는 것입니다. 연구에 의하면 힘든 일을 글로 적기만 해도 마음을 진정시키는 데 큰 도움이 됩니다. 감정은 자연스러운 삶의 일부입니다. 감정 자체에는 좋고 나쁨이 없습니다. 그러나 감정과 행동은 다릅니다. 화가 나는 것은 감정이고, 화가 나서 물건을 부수는 것은 행동입니다. 감정과 행동은 구분해야 합니다. 감정을 잘 표현하고 다스리면 삶이 풍요로워지지만, 감정을 억압하거나 잘못된 방식으로 표출하면 자신과 남을 해치게 됩니다.

감정일기 쓰는 방법

오늘 하루를 되돌아보며 나에게 강한 감정을 불러일으킨 상황과 그때의 느낌과 생각을 적어봅니다. 주관적인 상황이기 때문에 무엇을 적어도 괜찮습니다. 그리고 그 상황 속에서 나의 몸과 마음의 상태가 어떠했는지도 체크해보세요. 그런 다음, 그 상황에서의 나의 반응을 적어보세요. 감정에는 좋고 나쁨이 없지만, 표현(표정, 말, 행동 등)에는 좋고 나쁨이 있습니다. 적절하게 반응했을 수도 있고, 후회할 만한 일을 했을 수도 있습니다. 그 상황을 통해 깨달은 것과 다음에 비슷한 상황이 생기면 어떻게 하면 좋을지 생각해본다면, 나에 대해 더 알아가고 성장하는 기회가 되며 자연스럽게 관계도 좋아질 것입니다.

감정일기의 예

- 오늘 나의 감정을 단어로 표현해본다면?　　매우 화남, 미안함, 답답함.

- 오늘 나에게 강한 감정을 불러일으킨 상황은?

　친구가 시간 약속을 어겼다.

- 그때 떠오른 생각이나 느낌은?　　이번에도 늦어서 매우 화가 났다. 도대체 몇 번인지

모르겠다. 웃으며 미안하다고 이야기하고 있지만 얼굴 보기가 싫었다.

- 그때 내가 느낀 몸과 마음의 상태는?　　☹　-5　-4　-3　-2　-1　0　+1　+2　+3　+4　+5　😄

- 이 일에 대한 나의 반응은?

　너무 화가 나서 다음에 또 늦으면 같이 영화 보러 가지 않겠다고 했다.

- 내가 깨달은 것이 있다면? 그리고 앞으로 이런 일이 생긴다면 어떻게 하면 좋을까요?

　처음에 화를 내다가도 정말 친한 친구고, 눈물 글썽이며 미안하다고 하니까 마음

이 불편해졌다. 심하게 말한 것 같아 나도 미안해졌다. 다음부터는 화가 나더라도

크게 심호흡 한 번 하고(10초 정도?) 말하는 것이 좋을 것 같다. 그래도 또 늦으면

나도 계속 힘드니까 내일 진지하게 이야기해 봐야겠다. 매번 늦지 말라는 건 너무

힘든 것 같고 더번 중에 2번 정도는 일찍 왔으면 좋겠다고 이야기해 보자.

- 오늘 나의 행복지수는?　　☹　-5　-4　-3　-2　-1　0　+1　+2　+3　+4　+5　😄

년   월   일   요일

서로 깊은 유대관계를 맺고 있을 때 비로소 당신은 당신 안의 최고의 모습을 이끌어낼 수 있다. 화려한 고립은 보통 사람이 아닌 천재들에게나 해당되는 말이다. – 수잔 존슨

운동일기   • 오늘 내가 한 운동 (   )   • 운동 시간 : 아침 • 낮 • 저녁 • 밤 (분)

• 운동 후 생각이나 느낌

다행일기   • 나는 ~라서 다행이다 / 나는 ~아니라서 다행이다 / 나는 비록 ~지만 ~(아니)라서 다행이다

감사일기   • 오늘 가장 고마웠던 한 사람을 떠올리고, 그 사람에게 짤막한 감사의 글을 적어보세요

선행일기   • 오늘 나는 다른 사람에게 어떤 도움을 주었나요? 그때의 생각이나 느낌을 적어보세요

🌱 감정일기

- 오늘 나의 감정을 맛으로 표현해본다면?

- 오늘 나에게 강한 감정을 불러일으킨 상황은?

- 그때 떠오른 생각이나 느낌은?

- 그때 내가 느낀 몸과 마음의 상태는?　　😞 -5　-4　-3　-2　-1　0　+1　+2　+3　+4　+5 😄

- 이 일에 대한 나의 반응은?

- 내가 깨달은 것이 있다면? 그리고 앞으로 이런 일이 생긴다면 어떻게 하면 좋을까요?

- 오늘 나의 행복지수는?　　😞 -5　-4　-3　-2　-1　0　+1　+2　+3　+4　+5 😄

Tip & Memo

- **중학생들이 실제로 쓴 감정일기 :** 동생이 짜증이 났는지 툭툭거렸다. 자기가 기분 나쁘다고 다른
  사람한테 툭툭거려서 짜증났다. 하지만 그냥 가만히 있었다. 나도 기분이 나쁠 때 가족이나 친구들
  에게 저렇게 행동하지는 않았는지 되돌아보았다.

- 오늘 도덕 교과서 정리가 너무 힘들어서 짜증이 났다. 하지만 잠시 쉬고 심장호흡을 하고
  나서 다시 시작했다. 다음에도 정리하기 싫고 쌓인 게 많아서 하기 싫을 때 오늘처럼
  심장호흡 하고 잠시 쉬고 다시 시작해서 정리를 더 잘해야겠다.

년   월   일   요일

감정은 자연스러운 삶의 일부입니다. 감정에는 좋고 나쁨이 없습니다. 하지만 감정과 행동은 구분해야 합니다. 화가 '나는' 것은 감정이지만, 화를 '내는' 것은 행동입니다. 감정은 있는 그대로 받아들여야 하지만, 그런 기분을 느낀다고 해서 아무렇게나 행동해도 되는 것은 아닙니다.

🌸 **운동일기**   • 오늘 내가 한 운동 (   )   • 운동 시간 : 아침 • 낮 • 저녁 • 밤 (분)

• 운동 후 생각이나 느낌

🌸 **다행일기**   • 나는 ~라서 다행이다 / 나는 ~아니라서 다행이다 / 나는 비록 ~지만 ~(아니)라서 다행이다

🌸 **감사일기**   • 오늘 가장 고마웠던 한 사람을 떠올리고, 그 사람에게 짤막한 감사의 글을 적어보세요

🌸 **선행일기**   • 오늘 나는 다른 사람에게 어떤 도움을 주었나요? 그때의 생각이나 느낌을 적어보세요

😊 감정일기

- 오늘 나의 감정을 날씨로 표현해본다면?

- 오늘 나에게 강한 감정을 불러일으킨 상황은?

- 그때 떠오른 생각이나 느낌은?

- 그때 내가 느낀 몸과 마음의 상태는? ☹ -5 -4 -3 -2 -1 0 +1 +2 +3 +4 +5 😄

- 이 일에 대한 나의 반응은?

- 내가 깨달은 것이 있다면? 그리고 앞으로 이런 일이 생긴다면 어떻게 하면 좋을까요?

- 오늘 나의 행복지수는? ☹ -5 -4 -3 -2 -1 0 +1 +2 +3 +4 +5 😄

Tip & Memo

년   월   일   요일

친절한 말은 짧고 쉽지만, 그 메아리는 끝없이 울려 퍼진다. – 마더 테레사

🌱 **운동일기** • 오늘 내가 한 운동 (   ) • 운동 시간 : 아침 • 낮 • 저녁 • 밤 (분)

• 운동 후 생각이나 느낌

🌱 **다행일기** • 나는 ~라서 다행이다 / 나는 ~아니라서 다행이다 / 나는 비록 ~지만 ~(아니)라서 다행이다

🌱 **감사일기** • 오늘 가장 고마웠던 한 사람을 떠올리고, 그 사람에게 짤막한 감사의 글을 적어보세요

🌱 **선행일기** • 오늘 나는 다른 사람에게 어떤 도움을 주었나요? 그때의 생각이나 느낌을 적어보세요

🧩 감정일기

- 오늘 나의 감정을 냄새로 표현해본다면?

- 오늘 나에게 강한 감정을 불러일으킨 상황은?

- 그때 떠오른 생각이나 느낌은?

- 그때 내가 느낀 몸과 마음의 상태는?　😞 -5 -4 -3 -2 -1 0 +1 +2 +3 +4 +5 😄

- 이 일에 대한 나의 반응은?

- 내가 깨달은 것이 있다면? 그리고 앞으로 이런 일이 생긴다면 어떻게 하면 좋을까요?

- 오늘 나의 행복지수는?　😞 -5 -4 -3 -2 -1 0 +1 +2 +3 +4 +5 😄

Tip & Memo

년   월   일   요일

소중한 것과 급한 것은 분별해야 하겠습니다. 혹시 소중한 것 대신 급한 것에 더 많은 시간을 할애하고 계신지 살펴보십시오. 행복한 사람은 급한 것보다 소중한 것에 더 많은 시간을 할애합니다.

❤️ 운동일기 • 오늘 내가 한 운동 (   )   • 운동 시간 : 아침 · 낮 · 저녁 · 밤 (분)

         • 운동 후 생각이나 느낌

❤️ 다행일기 • 나는 ~라서 다행이다 / 나는 ~아니라서 다행이다 / 나는 비록 ~지만 ~(아니)라서 다행이다

❤️ 감사일기 • 오늘 가장 고마웠던 한 사람을 떠올리고, 그 사람에게 짤막한 감사의 글을 적어보세요

❤️ 선행일기 • 오늘 나는 다른 사람에게 어떤 도움을 주었나요? 그때의 생각이나 느낌을 적어보세요

🌱 감정일기

• 오늘 나의 감정을 단어로 표현해본다면?

• 오늘 나에게 강한 감정을 불러일으킨 상황은?

• 그때 떠오른 생각이나 느낌은?

• 그때 내가 느낀 몸과 마음의 상태는? ☹ -5 -4 -3 -2 -1 0 +1 +2 +3 +4 +5 😄

• 이 일에 대한 나의 반응은?

• 내가 깨달은 것이 있다면? 그리고 앞으로 이런 일이 생긴다면 어떻게 하면 좋을까요?

• 오늘 나의 행복지수는? ☹ -5 -4 -3 -2 -1 0 +1 +2 +3 +4 +5 😄

Tip & Memo

감정적 중립이란 살짝 뒤로 물러서서 그 상황을 바라보는 것입니다. 감정일기는 이미 지난 일이지만 그 일에 대해 다시 생각해보고 그때 어떤 느낌이었는지 되돌아보도록 도와줍니다. 한발 물러서서 봄으로써 당시보다 중립적으로 바라보고, 다음에 좀더 적절히 대처할 수 있도록 도와줍니다.

운동일기　•오늘 내가 한 운동 (　　　　　　　　　)　•운동 시간 : 아침・낮・저녁・밤 (　　　분)

　　　　　　•운동 후 생각이나 느낌

다행일기　•나는 ~라서 다행이다 / 나는 ~아니라서 다행이다 / 나는 비록 ~지만 ~(아니)라서 다행이다

감사일기　•오늘 가장 고마웠던 한 사람을 떠올리고, 그 사람에게 짤막한 감사의 글을 적어보세요

선행일기　•오늘 나는 다른 사람에게 어떤 도움을 주었나요? 그때의 생각이나 느낌을 적어보세요

😊 감정일기

• 오늘 나의 감정을 소리로 표현해본다면?

• 오늘 나에게 강한 감정을 불러일으킨 상황은?

• 그때 떠오른 생각이나 느낌은?

• 그때 내가 느낀 몸과 마음의 상태는?   ☹️ -5 -4 -3 -2 -1 0 +1 +2 +3 +4 +5 😄

• 이 일에 대한 나의 반응은?

• 내가 깨달은 것이 있다면? 그리고 앞으로 이런 일이 생긴다면 어떻게 하면 좋을까요?

• 오늘 나의 행복지수는?   ☹️ -5 -4 -3 -2 -1 0 +1 +2 +3 +4 +5 😄

Tip & Memo

에드 디너 박사에 따르면, 행복은 객관적 상황에 달려있는 것이 아니라 '상황에 대한 인식'에 달려있다고 합니다. 즉, '물을 반밖에 없다고 볼 것인가, 반이나 남았다고 볼 것인가'의 인식패턴이 행복을 결정하는데, 그 인식패턴은 유전적으로도 결정되지만 후천적 노력으로도 만들 수 있습니다.

😊 운동일기 · 오늘 내가 한 운동 (　　　　　　　　　)　· 운동 시간 : 아침·낮·저녁·밤 (　　분)

　　　　　　　· 운동 후 생각이나 느낌

😊 다행일기 · 나는 ~라서 다행이다 / 나는 ~아니라서 다행이다 / 나는 비록 ~지만 ~(아니)라서 다행이다

😊 감사일기 · 오늘 가장 고마웠던 한 사람을 떠올리고, 그 사람에게 짤막한 감사의 글을 적어보세요

😊 선행일기 · 오늘 나는 다른 사람에게 어떤 도움을 주었나요? 그때의 생각이나 느낌을 적어보세요

🔲 감정일기

• 오늘 나의 감정을 촉감으로 표현해본다면?

• 오늘 나에게 강한 감정을 불러일으킨 상황은?

• 그때 떠오른 생각이나 느낌은?

• 그때 내가 느낀 몸과 마음의 상태는?   ☹ -5 -4 -3 -2 -1 0 +1 +2 +3 +4 +5 😄

• 이 일에 대한 나의 반응은?

• 내가 깨달은 것이 있다면? 그리고 앞으로 이런 일이 생긴다면 어떻게 하면 좋을까요?

• 오늘 나의 행복지수는?   ☹ -5 -4 -3 -2 -1 0 +1 +2 +3 +4 +5 😄

Tip & Memo

관계의 달인은 상대방에 대해 불만을 표시할 때조차 긍정적인 표현이 부정적인 표현보다 5배가 더 많습니다. 싫어하는 사람의 장점을 찾는 연습은 관계의 기술을 높여주고 관계가 좋아지면 행복지수도 같이 높아집니다.

운동일기 · 오늘 내가 한 운동 (   )   · 운동 시간 : 아침 · 낮 · 저녁 · 밤 (분)

           · 운동 후 생각이나 느낌

다행일기 · 나는 ~라서 다행이다 / 나는 ~아니라서 다행이다 / 나는 비록 ~지만 ~(아니)라서 다행이다

감사일기 · 오늘 가장 고마웠던 한 사람을 떠올리고, 그 사람에게 짤막한 감사의 글을 적어보세요

선행일기 · 오늘 나는 다른 사람에게 어떤 도움을 주었나요? 그때의 생각이나 느낌을 적어보세요

🌱 감정일기

- 오늘 나의 감정을 색으로 표현해본다면?

- 오늘 나에게 강한 감정을 불러일으킨 상황은?

- 그때 떠오른 생각이나 느낌은?

- 그때 내가 느낀 몸과 마음의 상태는?   😞 -5 -4 -3 -2 -1 0 +1 +2 +3 +4 +5 😄

- 이 일에 대한 나의 반응은?

- 내가 깨달은 것이 있다면? 그리고 앞으로 이런 일이 생긴다면 어떻게 하면 좋을까요?

- 오늘 나의 행복지수는?   😞 -5 -4 -3 -2 -1 0 +1 +2 +3 +4 +5 😄

Tip & Memo

행복 만들기는 장점 찾기로부터 시작합니다. 아래 단어 중 나에게 조금이라도 해당되는 단어를 모두 골라(50가지 이상) 동그라미 표시를 해보세요.

예쁘다, 매력적이다, 아름답다, 귀엽다, 잘생겼다, 호감을 준다, 멋지다, 다정하다, 현명하다, 정신세계가 깊다, 좋은 사람이다, 신앙심이 깊다, 지도력이 있다, 강인하다, 남을 잘 지지해준다, 도덕적이다, 번창한다, 원칙적이다, 착하다, 솔직하다, 공정하다, 따스하다, 사랑을 잘 준다, 부드럽다, 자기표현을 잘한다, 다정다감하다, 배려한다, 친절하다, 예의바르다, 애정 표현을 잘한다, 우호적이다, 명랑하다, 정열적이다, 안목이 있다, 손님을 친절하게 맞는다, 열정적이다, 건설적이다, 긍정적이다, 이해심이 높다, 남을 쉽게 받아들인다.

이타적이다, 동정심이 있다, 인간미가 있다, 희생적이다, 박애정신이 있다, 똑똑하다, 믿을만하다, 자유롭다, 정중하다, 스스로 알아서 한다, 생각이 깊다, 순종적이다, 창의력이 있다, 남을 깊이 이해한다, 자족적이다, 유연하다, 절약한다, 객관적이다, 독립적이다, 우아하다, 머리가 좋다, 멋쟁이다, 지적이다, 신비한 매력이 있다, 재빠르다, 깔끔하다, 단정하다, 정이 많다, 주의력이 있다, 조심성이 있다, 경각심이 있다, 영감을 준다, 미리 헤아릴 줄 안다, 독특하다, 생산적이다, 흥미진진하다, 에너지가 많다, 새로운 것을 잘 발명한다.

생동감이 있다, 정력적이다, 탄력적이다, 활동적이다, 남에게 줄 게 많다, 즐거움이 많다, 기쁨에 넘친다, 타인을 돕는다, 온화하다, 남을 잘 응원해준다, 건전하다, 이성적이다, 센스가 있다, 합리적이다, 남에게 영감을 준다, 수용력이 있다, 노력한다, 능력이 있다, 진실되다, 부모역할에 노력한다, 자랑스럽다, 평화적이다, 정직하다, 다른 사람이 가까이 다가갈 수 있다, 원만하다, 선구적이다, 일관된다, 자기계발을 한다, 남을 지켜주려 한다, 자신감이 있다, 만족한다, 겸손하다, 선입견이 없다, 성취를 많이 한다, 행복하다, 안락하다, 여유롭다, 편하게 이완한다.

남에게 유익함을 준다, 호탕하다, 지식이 많다, 손재주가 있다, 서정적이다, 남을 깊이 이해한다, 전문가답다, 적응력이 높다, 부유하다, 풍요롭다, 장기적인 안목이 있다, 번영한다, 활동적이다, 계획적이다, 자기관리를 한다, 가치가 높은 사람이다, 성실하다, 영향력이 크다, 깊이가 있다, 잠재력이 많다, 역동적이다, 유머가 있다, 책임감이 있다, 섬세하다, 공감을 잘한다, 경청하는 자세이다, 열의가 있다, 감성적이다, 옷맵시가 좋다, 상냥하다, 예술감각이 있다, 베푼다, 위로해준다, 영성성이 있다, 애교가 있다, 상상력이 풍부하다.

화해 시도(보수작업이라고도 함)란 본의 아니게 서로에게 감정 상하는 언행을 했을 때 가능한 빠른 시간 안에 보수작업을 하여 관계가 더욱 망가지는 것을 예방하고 선순환으로 방향을 돌리기 위한 방법입니다. 가트맨 박사가 발견한 효과적인 화해 시도의 표현은 다음과 같습니다.

미안함을 표현하는 말

- 내 반응이 너무 극단적이었어.
- 미안해.
- 그 점에 대해 내가 너무 격했네.
- 다시 해볼게.
- 너에게 좀 더 부드럽게 대하고 싶은데 어떻게 해야 하는지 모르겠어.
- 나한테 어떤 말을 듣고 싶은지 말해줘.
- 이번 일에 내가 잘못한 부분이 보이네.
- 이 일에 대해 내가 어떻게 하면 상황이 좀 좋아질까?
- 다시 한번 해보자.
- 그러니까 네 말은 …… 이런 뜻인가?
- 좀 더 부드럽게 다시 해볼게.
- 미안해. 내가 …… 한 것에 대해 사과할게.

긍정적 반응을 얻을 수 있는 말

- 이제야 네 말이 좀 수긍이 되네.
- 네가 한 말에 대해 부분적으로는 동의해.
- 이 정도씩 서로 양보하면 어떨까?
- 우리가 같이 할 수 있는 방법을 찾아보자.
- 이전엔 한 번도 그렇게 생각해본 적이 없었어.
- 큰 그림에서 보면 이 문제는 그리 심각한 건 아니야.
- 이제 네 관점이 좀 이해가 되는 것 같아.
- 해결책에 우리 둘의 관점을 같이 넣어보면 어떨까?
- 네가 걱정하는 게 뭔지 말해줄래?

동작을 잠시 멈추자는 말

- 그 점에 대해서는 내가 잘못했을 수도 있어.
- 잠시만이라도 중단해보자.
- 잠깐 휴식 좀 취하자.
- 잠시만 기다려줘.
- 내가 다시 온 뒤에 말하자(최소 30분~최대 24시간).
- 나 지금 감정의 홍수 상태에 빠지는 것 같아.
- 제발 멈춰줘.

- 그 일에 대해 동의하지 않기로 동의하자.
- 처음부터 다시 한 번 시작해보자.
- 잠깐만, 마음을 닫지 말아줘.
- 화제를 바꾸고 싶어.
- 우린 지금 궤도를 너무 벗어났어.

감정을 표현하는 말

- 난 지금 두려워.
- 조금만 더 부드럽게 말해주면 좋겠다.
- 뭐가 잘못될 것 같은 불안한 기분이 들어.
- 그 말을 들으니까 기분이 좀 상한다.
- 무시당하는 기분이 드네.
- 그 말을 들으니 좀 슬퍼진다.
- 비난받는 기분이 들어.
- 다시 좀 부드럽게 말해주면 좋겠어.
- 존중 못 받는 기분이 들어.
- 그 말을 들으니까 방어하고 싶어져.
- 다시 부드럽게 말해주면 좋겠어.
- 훈계나 비판받는 기분이 드네.
- 네가 원하는 바를 말해주면 고맙겠어.

- 걱정돼.
- 마음의 문을 닫지 말아줘.

감사와 인정의 말

- 네 잘못이 아니라는 걸 알아.
- 이 문제에 대해 내가 책임질 부분은 ……이네.
- 너의 입장을 이제야 좀 알 것 같아.
- 네가 나에게 ……해준 것에 대해 고마워.
- 그건 정말 좋은 지적이야.
- 우리가 둘 다 ……이런 걸 말하려는 것이지.
- 이해가 되네.
- 사랑해.

소중한 사람에게 가장 필요한 4문장

- 네가 나한테 _____ 해준 것에 대해 고마워.
- 내가 너에게 _____ 한 점에 대해 미안해.
- 내가 _____ 한 것에 대해 용서를 청한다.
- 너의 _____ 한 점을 사랑해.

 Yearly Check List

day	1 Jan	2 Feb	3 Mar	4 Apr	5 May	6 Jun
1						
2						
3						
4						
5						
6						
7						
8						
9						
10						
11						
12						
13						
14						
15						
16						
17						
18						
19						
20						
21						
22						
23						
24						
25						
26						
27						
28						
29						
30						
31						

소중한 사람 & 특별한 날

7 Jul	8 Aug	9 Sep	10 Oct	11 Nov	12 Dec	day
						1
						2
						3
						4
						5
						6
						7
						8
						9
						10
						11
						12
						13
						14
						15
						16
						17
						18
						19
						20
						21
						22
						23
						24
						25
						26
						27
						28
						29
						30
						31

최성애 박사와 함께하는

행복일기 (기초편)

초 판 1쇄 펴냄 2014년 5월 24일
개정판 13쇄 펴냄 2023년 12월 27일

지은이 최성애
펴낸이 안동권
펴낸곳 책으로여는세상

기획 안동권 │ 편집 김선영 │ 디자인 Design Hada

출판등록 제2012-000002호
주소 (우)12572 경기도 양평군 강상면 강상로 476-41
전화 070-4222-9917 │ 팩스 0505-917-9917 │ E-mail dkahn21@daum.net

ISBN 978-89-93834-41-3 (03180)

책으로여는세상

좋·은·책·이·좋·은·세·상·을·열·어·갑·니·다